四川省高等教育自学考试教材

·人力资源管理丛书·

绩效管理

附：绩效管理自学考试大纲
（2022年版）

主编 ■ 罗亚玲　黄国武

图书在版编目（CIP）数据

绩效管理 / 罗亚玲，黄国武主编. — 成都：四川大学出版社，2022.12
（人力资源管理丛书）
ISBN 978-7-5690-5909-0

Ⅰ. ①绩… Ⅱ. ①罗… ②黄… Ⅲ. ①企业绩效—企业管理 Ⅳ. ① F272.5

中国版本图书馆 CIP 数据核字（2022）第 255934 号

书　　名：	绩效管理
	Jixiao Guanli
主　　编：	罗亚玲　黄国武
丛 书 名：	人力资源管理丛书
选题策划：	陈　纯　梁　胜　傅　奕
责任编辑：	陈　纯
责任校对：	傅　奕
装帧设计：	裴菊红
责任印制：	王　炜
出版发行：	四川大学出版社有限责任公司
	地址：成都市一环路南一段 24 号（610065）
	电话：（028）85408311（发行部）、85400276（总编室）
	电子邮箱：scupress@vip.163.com
	网址：https://press.scu.edu.cn
印前制作：	四川胜翔数码印务设计有限公司
印刷装订：	四川盛图彩色印刷有限公司
成品尺寸：	185 mm×260 mm
印　　张：	12.5
字　　数：	297 千字
版　　次：	2022 年 12 月 第 1 版
印　　次：	2022 年 12 月 第 1 次印刷
定　　价：	56.00 元

扫码获取数字资源

四川大学出版社
微信公众号

本社图书如有印装质量问题，请联系发行部调换

版权所有 ◆ 侵权必究

四川省高等教育自学考试省统考课程系列专业教材编委会

丛 书 主 编：游劲松

丛书副主编：潘霜柏　汪东升

成　　员（按姓氏笔画排序）：

　　王　谦　何　宇　张凤英　王浩浪　钱晓群　顾　绚

　　田孟良　张必涛　罗　哲　赵启军　姚黎明　张婧怡

四川省高等教育自学考试省统考课程
——《人力资源管理》专业专升本教材编委会

主　编：罗　哲

副主编：张必涛　罗　娜

成　员（按姓氏笔画排序）：

　　刘智勇　李贤娟　杨　红　吴静汶　沙治慧　范逢春

　　罗　哲　赵建伟　黄国武　韩　英　蒲晓红

总　序

　　党的二十大报告从战略全局上对全面建设社会主义现代化国家作出战略擘画部署，充分肯定了新时代中国教育的成就，强调了教育的战略地位，对于加快建设高质量教育体系，办好人民满意的教育进行了详细丰富、深刻完整的论述，报告对学科建设和教材建设问题给予了特别的关注，提出要加强教材建设和管理。教材建设问题，第一次出现在党代会的报告之中，表明了教材建设国家事权的重要属性，凸显了教材工作在党和国家事业发展全局中的重要地位，体现了以习近平同志为核心的党中央对教材工作的高度重视和对"尺寸课本、国之大者"的殷切期望。教材是学校教育教学的基本依据，是育人育才的重要载体，教育思想和理念的贯彻、人才培养目标和要求的实现等，都集中体现在教材中。"十四五"时期，教材建设的首要任务，是深入推进习近平新时代中国特色社会主义思想进课程教材，为学生培根铸魂，培养"四有"新人。

　　高等教育自学考试制度是我国创立和实行的、富有中国特色的高等教育制度。自学考试是个人自学、社会助学、国家考试相结合的高等教育形式。在满足社会对接受高等教育的巨大需求中，自学考试发挥着不可替代的巨大作用，为我国高等教育从精英化阶段迈入普及化阶段作出了突出贡献！据教育部《2021年全国教育事业发展统计公报》显示，到2021年末，参加全国高等教育自学考试学历教育报考仍有625.78万人次，取得毕业证书48.94万人。高等教育自学考试的教材是实现教育目标的主要载体，是教学大纲的具体化，为自考助学和学生学习提供了关键支撑、基本线索。从一定意义上讲，自学考试人才培养质量取决于自考教材的质量。但是，随着高等教育人才培养质量的不断提高和自学考试改革的不断深化，自学考试教材建设中存在的问题也日益突出。诸如内容陈旧、更新缓慢；体例单一、形式简单；重视不够，缺乏特色等等。专家们纷纷呼吁要顺应新时代自学考试的特点和发展趋势，及时调整教材建设结构，加快更新陈旧教材，开发自学考试特色教材，形成在线数字学习资源，改革教材运行和评价机制，进一步建设形成高质量自学考试教材体系，促进新时代高等教育自学考试高质量发展。

为全面贯彻党的教育方针，进一步落实立德树人根本任务，适应新形势下我国和四川省高等教育自学考试教学改革和人才培养的需要，在四川省教育考试院的大力支持下，根据《教育部办公厅关于加强高等学历继续教育教材建设与管理的通知》（教职成厅函〔2021〕28 号）和《教育部办公厅关于印发〈高等教育自学考试开考专业清单（2021 年）〉和〈高等教育自学考试专业基本规范（2021 年）的通知〉（教职成厅〔2021〕2 号）》等文件要求，四川大学主动承担起高等教育自学考试主考学校的职责，对主考专业进行了规范，对省考课程进行了调整。为及时回应社会关切，加强自考教材建设和管理，四川大学成人继续教育学院设立继续教育教材专项出版基金，并联合电子科技大学、西南交通大学、西南财经大学、四川农业大学等高校成立"四川省高等教育自学考试省统考课程系列专业教材编委会"，组织编写四川省高等教育自学考试省考课程系列教材，进一步增强教材育人功能，为服务高等学历继续教育高质量发展做出有益的探索和实践。

本套系列教材的编写和建设旨在适应新时期高等教育自学考试事业发展和教学手段变革的需要，彰显高等教育自学考试现代教育理念，在继承中创新，在发展中提高，打造符合高等教育自学考试教育教学规律的经典教材。囿于编写者的学术视野、写作水平和对高等教育自学考试的认知能力，本套系列教材肯定还存在一些不足之处，恳切希望学界专家、行业领导和从业者不吝赐教，更希望千千万万的自考学习者在学习中反馈联系我们，以便我们在再版时及时修订，进一步提高教材实效，促进高等教育自学考试质量。

四川省高等教育自学考试省统考课程系列专业教材编委会
2022 年 12 月于成都

前　言

四川省高等教育自学考试教材《人力资源管理丛书》于2007年首次出版至今，在自学考试教学和实践领域发挥了重要作用。2022年，四川省高等教育自学考试省统考课程系列专业教材编委会再次集结熟悉继续教育教学规律和特点，熟悉行业发展和职业岗位要求，有较为扎实学术功底和教学实践、职业经验专家的智慧和力量，修订出版这套教材。

该书是四川省高等教育自学考试人力资源管理专业较权威、系统、完整的考生自学参考书，本次修订着眼新时代的新特征，根据教育部关于"加大学历继续教育教材建设力度，开发适应成人在职学习需要、深度广度与人才培养目标相匹配、满足交互式学习要求，支持学习者自学自测、随学随练的高质量教材"要求，充分考虑到了目前学科的发展，以及我国社会、经济、文化的背景。为了使本教材更好地反映企业人力资源管理及环境的新发展和变化，本次对《人员素质测评理论与方法》《劳动关系与劳动法》《薪酬管理》《人力资源管理》《工作分析》等5本教材进行了修订，并新编《绩效管理》和《培训与开发》2本教材。

在编写和修订教材过程中，力求做到以下几点：

第一，内容时代性强。把握人力资源管理理论发展前沿和实践进展，吸纳国际、国内最新成果。

第二，知识系统性强。知识点突出，内容完整，层次分明，结构合理。

第三，案例具有典型性和启发性。突出理论联系实际，强调应用和解决问题导向。

第四，加强系列化、多样化和立体化教材建设，服务线上教学、混合式教学，更能适应学员在职、业余自学。

这套《人力资源管理丛书》教材在策划、编写和出版过程中，得到四川省教育考试院的大力支持和帮助，谨表深切谢意。我们相信，本书能够惠及广大人力资源管理专业的自考学生，将为促进我国高校继续教育教学质量的提高做出贡献。

四川省高等教育自学考试省统考课程
《人力资源管理》专业专升本教材编委会
2022 年 12 月

目 录

第一章 绪 论 … 1
- 第一节 绩效 … 2
- 第二节 绩效管理 … 6
- 第三节 从绩效考核到绩效管理 … 12

第二章 绩效管理体系 … 18
- 第一节 绩效管理体系界定 … 19
- 第二节 绩效管理体系的构成 … 25
- 第三节 绩效管理体系的设计与推行 … 30

第三章 绩效计划 … 36
- 第一节 绩效计划概论 … 37
- 第二节 绩效目标的确定 … 42
- 第三节 绩效计划制定的方法与程序 … 46

第四章 绩效实施与控制 … 53
- 第一节 绩效实施与控制的概念 … 54
- 第二节 持续的绩效沟通 … 58
- 第三节 绩效信息收集 … 61

第五章 绩效考核 … 69
- 第一节 绩效考核的含义、目标与意义 … 70
- 第二节 绩效考核的原则 … 76
- 第三节 绩效考核的主体 … 80

第六章 绩效考核方法 … 88
- 第一节 比较法 … 89

  第二节 量表法 …………………………………………………… 94
  第三节 描述法 …………………………………………………… 102
第七章 绩效反馈 ……………………………………………………… 108
  第一节 绩效反馈的含义与形式 ………………………………… 109
  第二节 绩效反馈面谈 …………………………………………… 112
  第三节 绩效改进 ………………………………………………… 117
第八章 考核结果的应用 ……………………………………………… 127
  第一节 绩效考核结果与人员招聘 ……………………………… 128
  第二节 绩效考核结果与薪酬管理 ……………………………… 131
  第三节 绩效考核结果与人力资源规划 ………………………… 133
  第四节 绩效考核结果与员工发展 ……………………………… 136
第九章 绩效管理工具 ………………………………………………… 139
  第一节 目标管理 ………………………………………………… 140
  第二节 标杆管理 ………………………………………………… 145
  第三节 关键绩效指标 …………………………………………… 149
  第四节 平衡计分卡 ……………………………………………… 154
参考文献 ………………………………………………………………… 160
附录 绩效管理自学考试大纲 ………………………………………… 162
后 记 ………………………………………………………………… 190

第一章 绪 论

本章导读

实现组织的长远发展离不开绩效管理，绩效管理日益成为组织管理尤其是人力资源管理中的重要组成部分。绩效是组织的使命、核心价值观、愿景和战略的重要表现形式。绩效的定义一般有三种界定，一种是绩效行为说，绩效是工作行为或工作过程；一种是结果说，绩效是工作结果或工作产出；还有一种是综合说，绩效是行为和结果的综合体。绩效具有多因性、多维性、动态性的特点。绩效影响的多因性，影响绩效的因素很多，这些因素包括主观和客观。绩效衡量的多维性，是由于绩效的复杂性等原因，评价绩效时需要从多个方面、多个角度进行综合的衡量。绩效发展的动态性，体现绩效是随着内外环境的变化而不断发展变化。

绩效管理不同的研究者有不同的定义，主要有这三种分类，绩效管理是对组织绩效的管理；绩效管理是对员工绩效的管理；绩效管理是对两者绩效管理的综合。第一种绩效管理是组织绩效管理，主要是从绩效管理目的出发，即组织的长远发展目标和战略出发，在绩效管理中体现了对组织业务流程再造、基准化和全面质量管理等。第二种认为绩效管理是对员工绩效的管理，是因为绩效管理落脚点是员工，也是通过员工的工作行为和结果实现组织战略目标，因此员工是核心地位。第三种是两者的综合，既是对组织战略目标的实现，也是对员工绩效的考核。基于员工和组织的共同体特点，绩效管理是在组织战略目标导向下，通过绩效计划、实施、评价和反馈等持续过程，对组织和员工的行为与结果进行综合管理的体系。绩效管理具有明确的目标导向，突出组织战略。以人为本，重视员工的作用和价值，发挥其积极性、主动性和能动性。协同性，绩效管理是有多个子系统构成的体系，不仅需要内部协同还需要外部的协同，由此形成合力。公平性和发展性也是绩效管理的重要特征。绩效管理不管是对组织，还是管理者和个人都具有非常重要的作用。随着理论和实践的发展，以及绩效考核本身存在的局限，组织管理逐渐从传统的绩效考核向综合的绩效管理发展。

学习目标

通过对本章的学习，能够了解绩效的概念，绩效的特征，绩效管理的概念、特征，绩效管理对组织、管理者和个人的作用，绩效考核，绩效考核的局限，绩效考核向绩效管理发展的趋势。

关键概念

绩效	Performance
行为	Behavior
结果	Results
组织	Organization
管理者	Manager
绩效管理	Performance management
组织绩效	Organizational performance
员工绩效	Employee performance

人们总认为自己太忙，所以没有时间去做绩效管理，实际上那才是你的首要工作。

——[美] 杰克·韦尔奇

绩效是评价组织发展的关键要素，绩效管理是组织管理运行中的重要支撑，其在现代人力资源管理中具有重要的作用。绩效管理对组织的长远发展具有关键性的意义，随着人力资源管理的发展，绩效管理与战略管理的联系日益密切，并进行纵深的融合。由于绩效管理能够在人力资源管理和组织的使命、愿景和目标之间建立起清晰、明了的关系，从而使绩效管理成为实现组织长远战略目标管理中的核心手段和工具。通过直接参与或指导组织的战略发展规划过程以及将企业的中长期目标与绩效管理体系关联，充分实现了绩效管理与战略管理的耦合。

第一节 绩效

一、绩效的内涵

绩效是组织的使命、核心价值观、愿景和战略的重要表现形式。绩效关系到组织的发展、存亡，关系员工的薪酬福利，是人力资源管理中不可回避的问题，因此著名的管理学家彼得·德鲁克指出："所有的组织都必须思考绩效是什么的问题"。

那么什么是绩效？从绩效的英文词 performance 可以延伸出以下的含义，表现、性能、业绩、执行、履行、成绩，也可以翻译成工作的效果和效率。虽然这些词在一定程度上揭示了绩效的某一些特征，但往往无法全面对绩效的内涵进行界定，因此绩效从不同的角度有不同的定义。有从多学科去定义绩效，管理学视角认为绩效可以解释为组织期望的结果，是组织为了能够达到其目标进行的有效输出；从经济学视角认为绩效和薪酬分别是组织和员工相互之间的承诺；从社会学角度绩效体现了社会分工中员工职责的履行。有从行为和结果界定的，从行为的角度，绩效是员工实际的能被观察到的行为表现；从结果的角度，绩效是员工行为的结果，体现对任务的完成情况；从两者结合的角度则倾向于把行为和结果统一起来。

（一）绩效行为说

该种观点认为绩效是工作行为或者工作过程。《牛津词典》将绩效解释为执行或完成一项活动、任务或职能的行为或过程。坎贝尔等认为绩效是行为的同义词，是员工所控制的与组织目标有关的行为。鲍曼和莫托德罗提出绩效的二维模型，认为行为绩效包括任务和关系两个方面的绩效，任务绩效是规定的行为，关系绩效是自发的行为。墨菲和克利夫兰也指出绩效不应该是结果而是行动，是与个人在其工作中的组织或组织单元的目标有关的一组行为。上述研究者认为绩效是行为而不是结果，主要是基于以下几点原因：一是由于受到工作场所中多因素的影响和作用，许多工作结果并不完全由员工个人工作行为产生；二是员工在工作中的表现不一定与工作任务完全相关，因为每个员工的工作机会不同；三是每个员工具有社会属性，企业文化往往更需要与工作过程融合。

（二）绩效结果说

这种观点产生相对较早，其认为绩效是工作结果或者工作产出，是员工最终行为的结果或者员工行为过程的产出。这种观点往往是人们对绩效较早的认识和理解。《韦氏词典》认为绩效是完成某种任务或达到某个目标。伯纳丁和贝蒂认为绩效是在特定时间范围内，对特定工作职能、活动或行为产出的结果记录。由于绩效早期主要使用在对一线生产工人或体力劳动者身上，相对而言他们工作比较简单，工作过程在科学管理等方式规范下，标准化程度高，个人主动性较弱，因此衡量绩效的依据主要是工人完成任务的多少，以及完成结果情况。这种绩效的标准更容易确定，也更容易被管理方和工人接受，运用也较广。同时结果导向比较符合早期生产的需要和客户需要，能够使个人努力程度与组织目标和组织收益保持一致。

（三）行为和结果综合说

这种观点认为绩效应该是行为和结果的综合体。绩效作为产出，是行为的结果，是评价行为有效性的方式。但是行为受到内外部因素的影响，结果往往不能完整的展现员工的综合努力。布卢姆布里奇认为绩效是指行为和结果，行为不仅仅是结果的工具，行为本身也是结果。奥特利指出绩效是工作的过程及其达到的结果。姆维塔认为绩效是一个综合的概念，它应该包含三个因素，行为，产出和结果。彭剑锋认为绩效是具备一定素质的员工通过符合组织要求的行为达成的效果和效率。董克用和李超平定义绩效是员工在工作过程中所表现出来的与组织目标相关的能够被评价的工作行为和结果。随着人力资源管理理论与实践发展，越来越多的研究者认为，对绩效的定义宜采取相对宽泛的概念，即绩效既包括行为也包括结果。绩效包含应该做什么和怎么做两个方面。绩效如作为行为，在评价上似乎比结果更加合理公平，但是缺乏目标导向，实践中又很难操作。同时行为和结果越来越难以分割，因此绩效综合说越来越受到国内外学者的认同。

结合学者的观点和发展趋势，本书认为绩效是在组织目标导向下组织、部门、个人的工作行为、表现，及工作任务完成和结果情况。行为是促进结果的实现方式和路径，结果是基于目标驱动下对行为的导向和约束，两者相辅相成，密不可分。

专栏 1-1

　　美国著名管理学家肯·布兰查德在大学授课的时候，总是在上课的第一天就把期末考试的题目告诉学生，然后用一个学期的时间去教授学生问题的答案。每个努力的学生都能在期末考试中得到 A 的成绩。

　　启示：这个案例显示了如何通过目标管理，或者目标导向，用正确的行动达到管理者想要的结果。大学考试不是目的，仅仅是考查学生学习情况的手段，真正的目的是通过学习使学生掌握知识、理论、方法，提升自我学习的能力和水平。布兰查德教授通过告诉学生期末考试的题目，形成了一个目标导向。希望得到 A 的学生，在接下来的一个学期会更加认真的去学好每一次课，从学习中得到答案。最后在考试中把平时努力学习到的知识用来解答考题，最终也能得到 A 的成绩。也就是说，主要目标明确了，采取符合绩效目标的行动，绩效管理就会给员工一个 A。这实质上就是绩效的过程和结果统一，绩效管理是通过把每一个员工的工作与组织希望的结果联系在一起，来实现组织战略目标。

二、绩效的特征

从绩效的概念需要把握以下几点：一是绩效是行为和结果的综合；二是绩效的行为和结果是与工作目标和个人努力相关的行为和产出；三是行为和结果相互依存、不可分割。为准确理解个人绩效还需要了解态度、能力与绩效的关系。对于员工个人绩效而言，员工的态度是员工在工作过程努力程度的内生动力，通过员工积极的态度推动员工在工作中不断提升自己的工作能力和水平，进而获得理想的绩效。虽然员工能力水平是影响绩效的重要因素，但是能力不是绩效本身，也无法作为绩效评价的内容。一般而言绩效具有以下特征。

（一）绩效影响的多因性

影响绩效的因素很多，决定绩效高低优劣往往是多个因素而不是单一因素。这里的因素既有主观的因素也有客观的因素，主客观维度中又有多个因素。主观因素主要包括员工的态度、认知、工作积极性、情绪、兴趣等。尤其是员工对待工作的态度，影响其在工作中的投入和努力程度，而态度本身也与员工的认知、兴趣、情绪有关。一般而言做自己感兴趣的工作，员工具有较强的动力，在工作中积极性相对较高，情绪较好，工作效率高。客观因素可以分为组织内部因素和外部因素。组织内部因素主要是组织战略、组织目标、组织文化、组织结构和管理层领导水平和方式等；组织外部因素主要是外部的环境因素，如经济、社会、文化、政治、法律等，其中经济因素较为广泛，既包括整体宏观经济发展周期和经济状况，也包括行业、产业等中观层面的发展情况。总之影响绩效的因素非常多，在研究绩效时既要尽可能地考虑全面，分析透彻，又要抓住影响绩效的主要因素和关键因素，才能真正把握绩效管理的实质，进行有效的绩效管理。

（二）绩效衡量的多维性

绩效衡量的多维性是指在分析和评价绩效时需要从多维度、多角度入手。由于绩效本身的复杂性和影响因素的多样性，单一的方式很难全面客观的评价绩效。通常在评价员工个人绩效时，需要综合考虑员工的工作行为和工作结果两个维度。对于工作行为，主要考虑员工在工作中的态度，把握组织战略的全局性，与其他员工的合作和协同性，遵从规章制度的纪律性，和接受管理方的服从性等指标进行评价。对于工作结果可以依靠员工完成工作的数量、质量、效率和成本效益等指标进行评价。相应的对组织绩效、部门绩效也需要综合评价。布雷德拉普认为组织绩效应当包括有效性、效率和变革性。有效性是完成预期目标的程度，效率性是利用资

源的成本与产出，变革性是适应未来变革的准备程度。而这三个方面又由多个指标构成。因此在设计绩效评价体系时需要综合考虑组织、部门和个人的绩效，并充分结合各层级之间的特点和要求，构建出多维度、多角度、多方面评价指标体系，从而尽可能保障绩效衡量的客观、全面和系统。

（三）绩效发展的动态性

绩效发展的动态性是指绩效不是一成不变的，它随着内外部环境的变化，组织战略转化等而不断地发展、完善和调整。从人力资源管理发展来看绩效的内涵和外延也不断地丰富和发展，因此从时间轴来看绩效不是固化的和静态的，而是不断自我发展和完善的动态过程。这反映了绩效的与时俱进性，只有不断发展才能保持组织绩效的活力。即使曾经运行良好的绩效管理体系，如果不能与内外部环境保持发展同步，也会产生组织绩效的不适应，最终造成组织发展陷入困境。由于环境的变化性和复杂性使组织、部门和员工的绩效会随着时间的推移而不断地变化，原来相对较差的绩效可能转好，而原来较好的绩效可能变差。因此在确定绩效评价周期和绩效管理周期时，应当充分考虑到绩效的动态性特征，不同组织确定不同的绩效周期。并确定常态化的调整机制，进行及时的调整和优化。

第二节　绩效管理

一、绩效管理的概念

绩效管理体现了一种管理思想和管理观念，是对绩效相关问题的系统研究。实践中人们往往对绩效考核接触和了解得相对较多，而对绩效管理的认识相对较少。但随着人力资源管理理论和实践的不断发展进步，绩效管理日益凸显其价值，并受到理论界与实务界越来越多的关注。应如何认识绩效管理，需要对其内涵进行认识。

绩效管理最早是由比尔（M. Beer）和鲁（R. A. Ruh）在1976年提出，他们认为绩效管理是"管理、度量、改进绩效并增强发展的潜力"。郝尔曼·阿吉斯认为绩效是指识别、衡量以及开发个人和团队绩效，并且使这些绩效与组织的战略目标保持一致的一个持续性过程。随着绩效管理研究的不断丰富，对绩效管理的定义也不断增加。理查德·威廉姆斯在《组织绩效管理》中将绩效管理的观点归纳为三种体系：绩效管理对组织绩效的管理；绩效管理是员工绩效的管理；绩效管理是把对组织的绩效管理和员工的绩效管理结合起来的一种体系。

（一）绩效管理是对组织绩效的管理

这种观点一般把绩效管理分为绩效计划、绩效完善和绩效评估三个过程组成。绩效计划是基于组织的长远发展目标和战略，而对绩效内容进行定义的综合活动。绩效的完善主要是发展过程的角度，包括组织业务流程再造、基准化和全面质量管理等一系列活动。绩效评估包括组织对绩效的衡量和评价，体现了通过组织结构、功能、技术、经营、规范、程序等手段确定组织战略并实施，最终的导向是组织战略目标的实现。这种观点虽然也认同员工受组织的影响也会影响组织，但是并不是其研究的重点对象。而是从对组织绩效进行管理的角度来认识绩效管理，强调通过对组织结构、生产流程等方面的调整来实施组织的战略目的。

（二）绩效管理是对员工绩效的管理

这种观点是从对员工个人绩效进行管理的角度解释绩效管理。实质上该观点假设组织战略目标已经确立，基于员工认同并达成了一致。员工绩效的管理通常是用一个闭环过程来定义绩效管理，主要的特征是，突出管理层回应员工的诉求和期望，并在主要内容上达成一致的认识；绩效的奖罚是所属部门管理者的基本职责，而员工是绩效管理的关键主体，管理者与员工共同全面的参与绩效管理，尤其是在绩效考察中两者形成了密不可分的关系，是一项不断改进和完善的活动。

（三）绩效管理是对组织和员工管理的结合

这种观点是组织绩效和员工绩效的整合，提出绩效管理通过每一个员工或者管理者的工作与组织的战略目标和集体使命结合在一起。这种综合的观点仍然存在侧重点的不同，如代表人物考斯泰勒认为，绩效管理通过将每个员工或管理者的工作与整个工作单位的宗旨连接在一起来支持组织的整体目标，该观点突出对组织绩效的引领性和最终目标性。而另一种则侧重员工个人绩效，强调绩效管理的中心目标是激发员工的潜力，提高他们的绩效，通过个人和组织战略结合进而促进组织绩效提升。综合的观念强化了企业或组织的整体发展战略目标，是对组织和员工行为与结果进行管理的系统。它根据员工与所属上级形成的协议，进行双向互动式的交流和沟通，进而实现组织和员工的利益共同体，共同努力改善组织和个人绩效。

从不同的角度看，这三种观点都具有其合理性。但相对而言，理论与实践比较倾向于第三种观点，因为绩效管理是一个组织和员工全方位参与和互动的过程，是一个动态和完整的过程。缺失任何一方都可能导致绩效管理的偏差和目标的偏离。随着人力资源管理理论的不断发展，员工在绩效管理中不再是一个被动的接受者，而是一个主动参与者，只有充分实现了组织目标和员工目标的统一，绩效管理的功能才能得到充分发挥。从而构建和谐的管理层与员工的关系，形成共赢的局面。

综上，本书认为绩效管理是在组织战略目标导向下，通过绩效计划、实施、评价和反馈等持续过程，对组织和员工的行为与结果进行综合管理的体系。其目的是确保员工行为和结果符合组织目标，并转化为员工行动的动力，进而提升员工能力和素质，改进和提升组织绩效水平。

专栏 1-2

《水浒传》第四十回，描述宋江入伙梁山后，在排位次时，宋江道："休分功荣高下，梁山泊一行旧头领区左边主位上坐，新到头领区右边客位上坐，待日后出力多寡，那时另行定夺"，众人齐道"此言极当"；第四十八回，孙立闻宋江二打祝家庄失利，主动请缨："我等众人来投大寨入伙，正没半分功劳。献此一条计，去打破祝家庄，为进身之报，如何"，后果然帮助宋江成功打下祝家庄。

启示：宋江短短的一句话"待日后出力多寡"实质上建立一种简单排位次的绩效考核标准，因为对梁山泊这样的"组织"来说，位次代表了一种身份和地位，同时也对应了相应的资源，这对梁山泊的成员来说有非常大的吸引力。而要获得更高的位次，也就意味着要在后续组织发展中出更多的力，这从而激励着梁山伯的成员主动为组织出谋划策，贡献自己的力量。这样的绩效管理马上在孙立身上发挥了作用，孙立刚入伙梁山泊，为获得更好的位次，就主动提出为梁山泊建功立业的方案并采取行动取得成功。绩效管理是组织中非常重要的管理制度，虽然绩效管理学科和理论体系是在近现代逐渐建立起来的，但是在人类发展历程中也常常体现绩效管理的智慧。

二、绩效管理的特点

认识绩效管理的特点对深入理解绩效管理具有重要的意义。通过综合学者的研究和管理实践，分析和提炼出以下绩效管理的特征。

（一）目标导向

绩效管理强调目标导向，要求员工的工作行为和产出与组织的战略目标一致，并帮助组织赢得竞争优势。绩效管理相当于在员工绩效、团队绩效和组织目标之间建立了一座桥梁，使员工对组织做出的贡献变得清晰。实践中绩效管理通过成熟的管理系统和机制，把企业的战略目标、核心价值观等层层传递给员工。并且由上而下把组织战略目标分解成员工个人的目标，使每个员工明确自己的努力方向，进而激发员工的内生动力。由于小目标与大目标的一致性，从而促进各级管理者和员工的共同努力形成了更大的组织发展合力，最终实现组织战略目标，同时也是员工实现自我价值和获得相应的报酬和奖励。

（二）以人为本

绩效管理以人为本，重视员工的作用和价值，让员工参与组织绩效管理的过程。不管是在组织目标的形成，绩效计划，绩效实施，绩效反馈等各环节都强调员工参与，发挥员工的主观能动性和积极性。同时赋予相应的权限和充分的信任，重视员工反馈和沟通。基于组织发展战略，绩效管理结合员工的长远发展和职业规划，不断完善内部管理和机制。在绩效管理中全面考虑员工的诉求，并通过管理方与员工的有效沟通，形成双方目标一致性的行动，建立和谐共赢的机制。

（三）协同性

绩效管理是一个综合的系统，是一个由多个子系统构成的复杂统一体。一方面，绩效管理面对组织的所有部门，包括业务部门和支持部门等内部的管理；另一方面，绩效管理也体现在部门之间，以及组织与外部合作伙伴之间的关联。只有通过多方协同，优化组织内外部的资源配置，产生整体合力。绩效管理系统的协同性要求组织与业务部门之间的纵向协同，业务部门之间以及业务部门与支持部门之间的横向协同，组织与外部合作伙伴的协同，从而形成全方位、多维度的协同体系，实现成本效益最优，形成组织竞争优势。

（四）公平性

公平性是指绩效管理系统基于促进组织长远可持续发展的角度，公平地处理管理层与员工，及员工之间的各种关系，让组织内所有人感受到过程和结果的公平。组织员工对绩效管理系统的公平感在一定意义上决定了该系统是否有效。这也就要求组织绩效管理是经过员工广泛参与和充分沟通形成的共识。公平性主要体现程序公平、结果公平和人际公平等维度。程序公平也是过程公平，是员工对做出绩效管理决策过程所知觉的公平。结果公平体现在员工努力付出与结果之间的合理对应关系上。人际公平是绩效管理过程中员工从管理者那里所感受到的人际待遇公平程度。只有充分实现了这三个方面的公平，绩效管理系统才能更好地运行。

(五) 发展性

绩效管理是一个持续改进和调整的系统，是一个不断发展的过程。通过绩效管理促进组织与员工的共同成长，为员工的长远职业发展提供指导、培训、支持和帮助，不断提升员工知识、能力和技能，改善其胜任力。并且随着外部环境变化，绩效管理本身也有促进组织适应的过程，通过战略目标的调整和优化，及现代技术和管理理念、方法的引入，促进组织的革新。构建一个学习型组织，带动和激发员工学习动力，形成具有激励作用的工作氛围，从而形成能够适应内外部变化，并进行自我完善和发展的组织系统。

三、绩效管理的作用

(一) 绩效管理对组织的作用

1. 有利于组织战略目标的实现

绩效管理首要的目的是实现组织的长远战略目标，通过将组织的目标与个人、部门的目标结合起来，绩效管理强化了有利于组织战略目标实现的行为。绩效管理把组织的战略目标层层分解为员工个人绩效目标，从而促使员工在努力提升个人绩效的同时提高了部门、组织的绩效，进而实现了组织的战略目标。因此绩效管理与组织的战略目标密切相关，组织战略目标的实现离不开高效的绩效管理，而绩效管理也必须和组织的战略目标深入融合才具有实际意义。总之，绩效管理有利于组织战略目标的实现。

2. 有利于组织文化的形成

在组织运行管理中，组织文化是管理中的最高境界，在当今的组织管理实践中，组织文化建设受到普遍的重视，但同时也是组织管理的难点。因为虽然组织文化受到高度重视，但是组织文化的建设却很难从形式到实质的发展，即很多组织文化往往停留在口号、标语和文件中，而很难被内化为具有潜移默化的组织文化。在绩效管理中，通过对组织文化考核指标和权重的设计，引导和强化符合组织文化的员工行为，并对产生积极影响的结果进行奖励。因此，绩效管理是建设组织文化的有效工具，有利于组织文化得到不断的强化。

(二) 绩效管理对管理者的作用

1. 为管理决策提供信息和依据

绩效管理有利于为组织的管理者提供管理决策所需的信息。这些管理决策包括员工的薪酬待遇、休息休假、降级晋升、续聘与解雇等。绩效管理通过综合的系统全面真实地展现员工的行为和结果，管理者结合管理目标和相关的信息进行全面的评估，并由此做出管理决策。同时为管理者识别优秀员工、潜力员工提供参考信息。一般而言绩效管理是组织实施薪酬体系的基础。

2. 提高管理者的管理水平

绩效管理使各级管理者能够更好地与所属员工进行充分的沟通和交流，让他们了解管理层对他们所做出的绩效评价。管理者积极参与员工的绩效反馈，并在促进员工绩效提高上承担更多的责任。在绩效管理过程中管理层和员工通过有效的互动，建立良好的关系，进而提高绩效管理的水平。同时为应对绩效管理的系统要求，各级管理者不断主动学习，以提高综合的能力，如任务分解能力、沟通交流能力、激励约束能力等。绩效管理也有利于促进组织管理者和员工从被管理向主动管理发展，双方具有主动性和积极性，从而提升管理的效率。

（三）绩效管理对员工的作用

1. 有利于员工提高工作效率

绩效管理的重要贡献是帮助员工发现工作行为和结果中存在的问题，基于组织战略目标，提高工作效率，改进个人绩效。当员工个人绩效下降时，绩效管理系统能够及时反映出来，并反馈给员工，员工通过组织提供的教练式辅导，可以尽快地解决绩效下降的深层次原因，进而防止问题的固化，实际上是使员工能够持续保持较高的工作效率和胜任力。

2. 有利于员工职业生涯发展

绩效管理下形成的组织战略目标本身也是该行业和领域发展的方向、愿景和蓝图。员工把个人发展与组织战略深入融合，使个人职业发展不管是从工作本身的需要还是组织发展的需要，都呈现前瞻性和领先性。从而在根本上保证员工的长期竞争力，这种竞争力在绩效管理下又进一步得到强化，如较高的薪酬待遇和职位发展等。进而把员工职业生涯发展嵌入了员工工作和组织绩效管理中，实现一体化发展。

3. 有利于强化员工动力减少不端行为

如果员工对组织的绩效管理体系非常满意，他们更有可能具有达到更高绩效水平的意愿，对组织的忠诚度也更高。对绩效管理的满意能够使员工感受到组织对他们有很强的个人意义，从而降低离职率。在绩效管理中员工知道自己过去努力得到组织认可，它有更大的动力实现未来的绩效。绩效管理也能有效提高员工的敬业度，降低员工不端行为，如财务违规，损害组织形象等。

第三节　从绩效考核到绩效管理

一、绩效考核的基本认识

（一）绩效考核的内涵

绩效考核是指为了评估员工的能力、水平和发展潜力，由此确定其是否合格和是否继续雇佣，并进行工资福利调整以及晋升，从而对员工个人工作期间的绩效和行为进行综合评测的过程。在现行人力资源管理中，绩效考核属于管理中的重要问题，对涉及的考核相关方都具有敏感性。因此，明确绩效考核的概念及其本质属性，能够帮助人力资源管理与被管理者更好地开展工作。绩效考核主要是公司的管理方对所属员工的工作情况，及发展潜力和能力，根据既定的标准和要求，通过一系列的科学方式，进行客观公正的评估，并把结果反馈给员工，从而促进员工的自我完善和成长。也有利于推动员工更好地实现组织目标。

（二）绩效考核发展的偏差

由于理论与实践的差异，在具体运用绩效考核中往往出现偏差，主要表现在以下几个方面。

1. 绩效考核替代管理，弱化管理职能

在组织管理中过度依靠绩效考核，甚至把绩效考核作为员工管理的手段，从而造成组织管理职能的弱化，管理层忽视管理方式、方法的提升，和先进技术与手段的运用，完全通过绩效考核替代的方式来运行企业，造成内部管理机制的单一和失序。进一步降低了各级管理者的工作职能和内生动力。

2. 过度强调绩效结果，忽视员工社会性

由于过度依赖指标化的绩效管理和追求绩效结果，而忽视了员工的作为社会人的心理、社会、自我满足等多方面需求，使员工的积极和主动性下降，甚至退化到传统的工业管理模式，导致员工归属感和忠诚度下降，进而影响产品质量和生产效率。

3. 绩效加剧员工之间差异，造成对立和分化

由于对绩效考核的过度依赖，人为造成了员工中的对立和分化，一方面，由于员工本身能力的差异，在绩效考核中进一步强化，使相对较弱的员工放弃进取；另

一方面，在绩效高的员工与绩效低的员工之间形成分割，相互之间的排挤，破坏内部合作的文化。

二、从绩效考核发展到绩效管理

（一）绩效考核的局限

绩效考核主要是企业或者组织管理者对所属员工的工作过程、行为和结果的评价过程。通过绩效考核来了解员工工作情况及与工作相关的能力和潜力，并结合考核结果对员工进行绩效的奖罚，使员工与组织目标一致，并激发最大的工作潜力。但实践与理论往往存在较大的差异，进而导致了绩效考核的局限。

1. 绩效考核手段与目标的偏离

绩效考核带来的奖罚，在一定程度上确实可以促进员工改进工作质量，但是员工的内生动力并不是基于对组织文化、组织目标或者战略的全面理解和认识。而是害怕绩效考核后形成的奖罚手段，这直接影响到员工的经济利益。从而驱使员工更加关注绩效考核本身，忽视了绩效考核的根本目的，甚至把考核手段看成了工作的唯一的标准，进而造成了绩效考核的局限。

2. 绩效考核导致过程和结果失衡

绩效考核只有明确了指标体系和标准，才能更好地对员工考核，因此往往导致绩效考核依据的主要是结果性或者显性的指标。这些结果性指标一般很难对员工的工作过程进行全面系统的考核，从而造成了员工只关注结果，而忽视过程。但过程恰恰是很多组织和企业改进产品质量，促进技术创新和进步的关键环节。这既不利于企业发展也不利于普通员工的成长。

3. 绩效考核可能加剧管理者与员工之间的对立

绩效考核中企业或组织的管理者往往处于相对的优势地位，进而强化了管理者在员工关系中的主导性。由于员工与管理者存在着长期内在和外在的冲突和矛盾，这本身源自员工关系中双方利益的不一致。在绩效考核管理者进一步作为强势者对员工进行管理和奖罚，将造成两者矛盾的进一步激化。

绩效考核的局限自绩效考核出现就存在，虽然绩效考核早期起到了促进组织发展的作用，但是其局限也日益被研究者和实践者批评。绩效考核会使企业和组织管理陷入两难的境地，一方面，要严格评测每一个员工的工作情况，造成一种外在的压力；另一方面，管理者希望与员工建立更加友好的关系，使员工积极主动地提升工作效率。这样就导致了绩效考核在一些企业或者组织流于形式，甚至成为管理双方的负担。因此从单纯的绩效考核向综合绩效管理发展成为组织管理的必然选择。

专栏 1-3

中国民间谚语《三个和尚》："一个和尚挑水喝，两个和尚抬水喝，三个和尚没水喝"。意思是，庙里有一个和尚，刚开始时，这个和尚自己挑水喝，虽然过得辛苦，但是水的供给和需求基本匹配。后来，庙里又加入了一个和尚，于是两个人一起抬水喝，这样工作轻松了许多，水也够喝。再后来，庙里又来了一个和尚，人虽然多了，但是最后却发现没有水可以喝。

启示：这是一个流传很久的故事，不同的视角可以有不同的思考。从绩效管理角度，这个故事反映了目标任务、工作过程和工作结果的关系，以及在这个过程中权责利的不均衡，导致激励机制出现问题，造成整体饮水困难。由于缺乏了相应的制度，三个和尚中由于个别和尚搭便车的现象而没有惩罚，损害了其他勤勤恳恳挑水或者担水和尚的内生动力，最终大家都不愿出工。如果这个庙长期缺水或者经常断水，和尚喝水的需要得不到满足，也会离开组织。因此，绩效管理在实现组织目标的同时也满足了成员的需要，两者形成共同体。

（二）绩效考核与绩效管理的不同和联系

绩效考核和绩效管理既有相同之处也有不同之处，为了进一步了解两者异同，需要从多个角度分析他们的差异。只有明确了两者的不同之处，才能更好地帮助我们确定科学、合理、正确的绩效理念和评测标准，有效的运用绩效管理的体系、方法和工具，提升企业的管理水平，提高员工的工作能力，进而产出更加满意的绩效，实现组织或企业的战略目标。

1. 出发点的差异

绩效考核往往具有明确的结果导向，在考核中以控制为核心，实现对组织部门和所属员工行为的全方面管理和评估，员工的从属性较强。而绩效管理突出组织的战略目标，以更加长远的发展为出发点，需要把控宏观环节，促进员工的成长和组织发展结合。员工与管理层呈现合作的关系。

2. 所涉及的内容不同

绩效考核一般主要关注一个阶段的工作结果，对一段时期的总结，前后环节的连续性和衔接性往往被忽略。从而导致绩效考核在一定程度上演化为一种简单、被动地获得和分析信息的方式和方法。而绩效考核一个全方面的过程，包括从计划、促进、执行、实施、控制、监督到考核、反馈、优化和再应用的整个体系。绩效考核既有被动的信息收集，评估，也有主动的促进、改善和优化，形成持续上升的发展态势。

3. 所产生的影响和作用不同

绩效考核只关注员工的工作结果，并以此作为评价员工的依据和标准，从而常常导致管理层和员工以结果论成败，忽视工作过程中的合作和团结，甚至管理者与员工处于对立和矛盾的状态。而绩效管理注重组织长远发展和员工成长，提升员工能力，实现了组织和员工内在的合作性，管理者与员工建立互信合作的关系，形成了和谐的氛围。

同时，绩效考核与绩效管理具有内在的联系。两者都属于人力资源管理中的重要内容，绩效考核是绩效管理的一个关键环节。绩效考核联通了绩效管理的各环节，提升绩效考核水平有利于促进绩效管理水平的提高。缺乏绩效考核，绩效管理就成为空架子，整个系统失去了标准和依据。而提升绩效管理会使绩效考核更加科学合理，因此两者既是整体与部分的紧密关系，又是相辅相成的有机体。

（三）绩效考核向绩效管理发展及其特点

随着经济全球化加快、信息技术快速发展、全球一体化不断推进，市场竞争也越来越激烈。企业要提升自身竞争力就不得不改善自身的绩效，但传统的绩效考核，往往相对固化，且难以满足企业或者组织全面加强质量管理的需求。因此需要更加全面、系统和动态的绩效管理，这不仅能提高员工工作的能力和水平，而且可以实现组织目标与员工目标的统一，促进组织质量的全面提升。在20世纪末，绩效管理逐渐被越来越多的跨国公司所采用，并且不断改进绩效管理系统，例如引入KPI和平衡记分卡，从而进入了绩效管理的新阶段。梳理20世纪80年代到现在全球跨国公司绩效管理的历程，可以看到以下几个主要特点。

1. 强调以员工为核心

在绩效指标选取和绩效实施中都从员工出发，发挥员工的主动性、创造性和积极性。在绩效考核中，将员工的考核和管理方的考核结合起来，指标选取侧重员工能力评价，尤其是在动态过程中注重能力的培育和提升。充分运用绩效考核的结果去调动和影响次级管理者和员工的行为。关注组织中员工的行为特征和发展需求，实现以人为本的管理理念。

2. 强调员工和组织目标的一致性

从组织整体发展的角度看，绩效管理是组织生存和发展的需要。组织的兴衰与员工的生产效率有密切的关系，其中员工的内生动力能极大地提高生产的效率和质量。而要提高员工的内生动力，需要把握员工的发展目标，并且实现员工目标与组织目标的统一。只有这样员工在努力完成自己目标的同时也实现了组织目标，从而促进组织的发展。相反如果组织目标和员工目标不一致,那即使员工再努力,也难以对组织的长远发展起到很好的推动作用。因此,在现代绩效管理中特别强调员工与组织目标的统一。

3. 重视绩效管理的客观性、科学性、合理性

传统绩效考核往往具有很大的主观性,并且受到内外环境影响而不断变化,这给员工带来很大的困惑。而随着绩效管理的不断改进,尤其跨国公司广泛运用科学地管理技术和手段,使得绩效管理更加客观和科学。现代绩效管理往往给管理者和所属员工提供了明确具体的工作绩效标准、简单易行的测量手段,把员工能力和工作成绩通过综合的考核方式充分体现。用清晰、明了的数据说话,以理服人,更好地得到员工和管理方的认同。

复习思考题

1. 绩效的概念,绩效的三种学说分别是什么?
2. 绩效的特征有哪些?
3. 绩效管理的概念,绩效管理定义有哪几种分类?
4. 绩效管理的特征是什么?
5. 绩效管理的作用?
6. 绩效考核的局限?
7. 绩效考核向绩效管理发展的必然趋势?

案例分析题

华为案例

华为技术有限公司,成立于1987年,总部位于广东省深圳市龙岗区。2021年,华为公司总收入为6368亿元,净利润为1137亿元。华为是全球领先的信息与通信技术(ICT)解决方案供应商,专注于ICT领域。2021年,华为在全球已有19.5万员工,其中,从事研究与开发的人员约10.7万,占员工总数的54.8%,海外员工本地化率为64%。这19.5万名员工中,30—50岁占比最多达70%,30岁以下为28%,50岁以上为2%。本科生和硕士研究生占比分别都在40%以上。短短30多年,华为公司从一个很小的企业成长为全球领先的高科技企业,其绩效管理体系发挥了重要的作用。

华为的绩效管理历程可以分为以下几个阶段。绩效前简单管理阶段,从成立到1995年,华为公司处于建立、发展阶段,处于绩效管理的前时期,即朴素的"一块饼大家分"的方式,较为简单的带平均化特点的阶段。人事考核阶段,1996年年底到1998年3月,由于组建合资公司,华为快速发展,销售额翻了3倍,员工

也增长超过 2 倍，业务和人员急剧增加，华为逐渐关注行为规范化，考核标准化，主要是考核工作态度、能力和业绩。绩效考核阶段，1998 年 4 月至 2001 年，在经过前期准备和酝酿，《华为基本法》审议通过并正式实施。在绩效考核阶段，华为开始提出了关键绩效指标（KPI），针对岗位的具体职责来量化目标，将目标阶段化，形成对岗位评价的基础。全面绩效管理阶段，从 2002 年开始华为进入绩效管理，以企业目标为导向，增加了跨部门团队考核的新内容，逐步形成了自我激励和自我约束的机制，员工的工作水平和效率进一步提升。在这个阶段华为从国内市场扩张到国外市场，并占据全球电信设备制造领域的第一位，华为也成了中国企业的"全员中产阶层"的典范，形成了员工和企业的双赢局面。

分析与讨论：

1. 从绩效管理的角度分析，华为公司为什么能够从一个小企业发展成为全球领先的高科技企业？
2. 分析为什么高效的绩效管理能够促进企业和员工的双赢？

第二章　绩效管理体系

☆ 本章导读 ☆

绩效管理体系是绩效管理理论、原则、程序、方法和技术的有机整体，是人力资源管理体系的核心。绩效管理体系在组织战略目标导向下，基于组织内外环境进行资源配置，实现子系统内部和子系统之间相互协同的系统。战略包含了目标的确立和实现目标的手段。战略管理核心在于思考企业总体任务是什么，这是建立企业目标、制定企业战略和为明天的前景做出决策的基础。随着组织的发展，战略日益重要，成了绩效管理中首先要明确的任务。战略性人力资源管理是为了帮助组织实现目标而规划和实施一系列人力资源管理政策和活动的过程。战略性导向绩效管理体系是指对组织的长期战略制定实施过程和结果通过一定的方法进行考核评价，并辅之以相应的激励机制的管理体系。战略性绩效管理的实现，需要建立战略目标体系，进行全面的战略规划，战略实施过程与绩效评价结合。现实中既存在糟糕的绩效管理体系，也存在好的绩效管理。糟糕的绩效管理体系往往造成组织资源的浪费，降低员工的归属感，导致人才流失等，而运行良好的绩效管理体系往往具备与组织战略目标的一致性、完整性、公平性等特征。

绩效管理体系是人力资源管理体系的核心，也是整个企业管理体系中的重要组成部分。从狭义看，绩效管理体系主要是指绩效管理过程体系，包括由绩效计划、绩效监控、绩效实施、绩效评价、绩效反馈和绩效考核结果应用等维度构成。而广义的绩效管理体系，不仅包括了绩效管理的过程体系，还包括绩效管理的目标体系、组织保证体系、制度支持体系等，其中绩效管理的过程体系是其最重要和关键的体系。绩效管理体系具备战略功能、管理功能、开发功能等。绩效管理体系一般受到组织战略目标、管理者理念、组织治理结构、组织文化等影响。设计组织的绩效管理体系需要明确组织目标，提高管理者对绩效管理的重视程度，并且按照计划推进等。绩效管理体系的推进主要有以下环节，沟通计划、申述程序、培训与测试，监控和评价，通过这一系列的环节建构起完整的组织绩效管理体系。

☆ 学习目标 ☆

通过对本章的学习，能够描述绩效管理体系、战略性人力资源管理、战略性绩效管理等概念。了解运行良好的绩效管理体系具有的特征，掌握绩效管理体系的构成，绩效管理体系的功能。熟悉如何设计绩效管理体系，设计的步骤和推进的过程。

☆ 关键概念 ☆

战略	Strategic
战略管理	Strategic management
组织文化	Organizational culture
治理结构	The governance structure
管理功能	Management functions
绩效管理体系	Performance management system
战略性人力资源管理	Strategic human resource management

战略是一种理性的思考，是一个有意识的、深思熟虑的过程，是一套精密的执行体系，是一门确保未来成功的学问。

——皮特·约翰逊

第一节　绩效管理体系界定

一、绩效管理体系的内涵

绩效管理体系是人力资源管理体系的核心，是整体组织运行管理的重要组成部分。绩效管理体系是组织为了实现战略目标，结合组织所处的内外环境、发展阶段和基础条件，对组织、部门和员工的绩效进行设计、开发和管理的一整套理念、原则、程序、方法和技术的有机整体。绩效管理体系与组织的其他系统相互配合和协作下，充分发挥其功能，实现组织的整体目标。

绩效管理体系具有以下的特点。一是绩效管理体系根本的目的是实现组织的战略发展目标，以目标为导向下的综合系统，属于人力资源管理体系的组成部分，且处于关键和重要的位置。二是绩效管理体系的形成是基于组织所面临的内外环境带来的机遇和挑战,根据组织发展所处的阶段及其特点,以及组织自身具备的基础条件,进行人财物等资源配置的系统。三是绩效管理体系是一个完整和统一的有机体,包括绩效设计开发和管理运行等全过程,充分融合系统设计的价值理念、思路逻辑、基本原则、运行程序、技术方法等,进而形成了绩效管理的生态系统。

二、基于战略导向的绩效管理体系

(一) 战略与战略管理

1. 战略

战略一词源自希腊语中的军事术语,是指在战争和军事活动上从全局宏观角度出发的筹划、谋略。随着时代发展,战略思维逐渐运用到经济、社会、政治等各领域。1938年,管理学家切斯特·巴纳德所著《经理的职能》中分析了影响企业经营的各种因素,提出了战略因素的构想。战略的理解可以从以下四个方面进一步了解。一是把战略定义为目标与手段,这是比较传统的定义,如阿尔弗雷德·D·钱德勒在《战略和结构》中认为,战略是企业长期基本目标的决定,以及为贯彻这些目标所必须采纳的行动方针和资源配备。由此战略包含了目标的确立和实现目标的手段。二是把战略定义为问题和解决方案。问题从管理的视角主要是组织现在的状态和期望状态之间的差距,而解决问题是消除或缩小差距。三是把战略看成核心能力,是指组织识别、开发和培育竞争对手难以模仿的能力,从而适应外部变化、满足市场需求、培育和巩固客户忠诚度。四是把战略定义为差异化的选择和定位,这种观点的代表人物是美国哈佛大学教授迈克尔·波特,他认为战略制定必须做好组织所处行业的结构分析和组织在行业内的相对竞争地位分析,即战略是与众不同和有明确定位的。

2. 战略管理

战略管理是管理学日益盛行的概念。自20世纪50年代起,全球研究战略管理进入新的发展阶段,组织不仅重视战略管理的作用,而且也不断将其创新并运用于实践。但不同的学派对战略管理的定义仍然存在一定的差异,有学者认为战略管理是"制定、实施和评价使组织能够达成其目标的,跨功能决策的艺术和科学"。也有学者认为战略管理是一个动态过程,一般包括明确战略目标,设计方案、执行和控制等过程。还有学者认为战略管理是资源的培育、形成和配置的管理,即组织的重点是培育其独特的战略资源,并最大限度地优化配置这种战略资源的能力。现代管理学之父德鲁克则认为战略管理核心在于思考企业总体任务是什么,这是建立企业目标、制定企业战略和为明天的前景做出决策的基础。不同学派对战略管理的定义一方面开阔了人们的视野，丰富了研究体系；另一方面也导致战略管理很难形成一个共识性的定义。但战略管理的范围要比一般企业经营管理广泛很多，其更具有全局性、宏观性、系统性、核心性的特点。并且战略管理作为动态的管理过程也得到了理论和实践的基本共识。

专栏 2-1

  在名著《西游记》第十二回，玄奘秉诚建大会，观音显像化金蝉。玄奘道"我这一去，定要捐躯努力，直至西天；如不到西天，不得真经，即死也不敢回国，永堕沉沦地狱"，玄奘在出发前明确了去西天取真经的组织战略目标，为了这个目标愿意跋山涉水，行走十万八千里，面对各种虎豹妖魔，经历九九八十一难，最后取得了真经。

  启示：战略目标对组织发展具有极其关键和重要的意义，任何一个组织要想成功，首要就是确定战略目标，并且要知道实现战略目标所可能面临的各种内外部环境，如团队的构成，外部危险。而坚定的信念，尤其是领头人的坚忍的意志，是组织能够一直保持正确方向的保证，因为在实现组织战略目标的过程中，往往会面临各种问题和挑战，这时候领导层的动摇往往是失败的重要原因。而西游记中我们可以看到玄奘一直保持着明确的战略目标，毫不动摇，经得起各种挑战和困难，并带领团队取得了最后的成功。

（二）战略性人力资源管理与战略性绩效管理体系

1. 战略性人力资源管理

  战略性人力资源管理是指为了帮助组织实现目标而规划和实施一系列人力资源管理政策和活动的过程。战略性人力资源管理于20世纪80年代产生，标志性论文是戴瓦纳（Devanna）等著的《人力资源管理：一个战略观》，其指出了使命和战略、组织结构以及人力资源管理是组织有效运行的三个核心要素，战略性人力资源管理把各项职能活动与战略管理过程有机结合起来。一方面，人力资源管理围绕组织战略目标进行管理，保持内在协同；另一方面，人力资源管理活动要为组织战略提供有利的环境和相应的人财物支持。在管理理念上，人力资源是一切资源中最重要的资源，基于组织长远发展战略，对组织内的人力资源进行全面培训和开发，有利于提高工作效率和能力，促进组织发展。在管理内容上，从长远的发展和职业生涯的发展出发，重点开发员工的潜能，激发其内生动力和活力，促进员工积极、主动、创造性的工作。从管理形式上,突出整体性,根据组织的目标和员工特点及需求,为员工职业发展提供路径和条件,通过职业培训和岗位调整,充分发挥其才能。管理方式上,使员工了解组织战略,与组织的战略保持一致,并且充分利用现代技术和手段,通过扁平的组织结构,实现组织和员工之间信息的充分交流。

2. 战略性导向的绩效管理体系

战略性导向绩效管理体系是指对组织的长期战略制定实施过程和结果通过一定的方法进行考核评价,并辅之以相应的激励机制的管理体系。以战略为导向,并把战略目标嵌入组织的计划、组织、控制等所有管理活动中。战略性绩效管理的活动内容主要有:一是根据组织的战略,建立科学、合理的绩效管理制度,以战略目标为核心引领组织的各项工作;二是依据绩效管理体系,对每个绩效管理环节和周期进行评价,对参与的各级管理者和责任人进行绩效评价,并结合绩效结果分配相应的资源。一般而言随着绩效管理的不断发展和完善,战略性导向已经成为绩效管理的一般发展趋势,并且绩效管理本身也是具有战略性的管理制度体系。但在实践中也不缺乏很多组织和员工绩效很好,而组织战略目标没有实现的现象。导致这种现象的根本原因是组织战略与绩效管理的分离,没有把战略融入绩效管理的各环节中形成一体化的战略性绩效管理体系。

(三) 战略性绩效管理的实现

1. 建立战略目标体系

组织中要形成"组织是员工的"的观念,即战略不仅仅是组织高层的事情,而且事关组织中每一个员工的切身利益。一方面,提高战略的透明度,及时进行宣传和沟通,使各级管理者和员工都理解和明白组织的战略目标,以及组织目标与自己工作的关联性,并由此建立上下一致的战略目标体系;另一方面,把组织长远战略目标通过横纵向的分解,形成组织中各主体的具体任务和工作。从时间纵轴上,把长期的目标分为中期和短期目标,降低目标的实现难度。从横向上,把一定阶段的整体目标,分解为各职能部门的目标,并进一步分解为部门所属员工的目标。从而改变组织战略目标的抽象性、宏观性、难理解性的特点,成为具体、可操作性、可完成的员工日常工作的任务,使员工、部门、组织三者之间形成密不可分的完成战略目标的共同体。

2. 进行全面的战略规划

建立好战略目标体系后,需要为实现战略进行规划。一方面要分析和评估组织在实现战略目标过程中可能遇到的各种困难和障碍;另一方面,分析原因,选择有效的方法帮助组织消除障碍,并提供条件为组织目标实现做好保障。战略规划是在战略目标明确的前提下,充分剖析组织自身的优势和劣势,尤其是分析完成目标组织所面临的障碍及自身存在的不足和短板,并高效利用组织的人财物资源解决问题,提供相应的条件保障,使组织目标的实现具有成本效益最优。通过战略规划能够为实现组织战略做好充分的准备,促进组织更好地适应内外环境的变化,使组织和员工的行为更加聚焦于目标,发挥现有资源的最大效益。

3. 战略实施过程与绩效评价结合

组织发展战略的推行主要依赖于各部门及其员工的努力与行动。组织管理层需要明确绩效考核、评价不仅仅是为薪酬激励提供依据。考核和激励只是两种手段,而其目的一方面是寻找到员工行为中可能存在的问题,另一方面调动员工行为的积极性和主动性,这两方面最终为组织的整体战略发展服务。因此组织管理者应该把绩效考核融入战略实施中,为确保战略实施的结果与组织整体战略目标一致,并基于组织战略实施的全过程进行适时评价和考核,及时发现问题,并进行调整。组织定期进行绩效评价,并对比阶段性战略目标任务,实现实际绩效和目标绩效的一致性。

三、绩效管理体系评价

(一) 糟糕的绩效管理体系及其后果

糟糕的绩效管理体系是指那些偏离组织战略目标,设计质量较差、执行水平较低,和浪费组织资源的,且无法让员工感觉到公平和满足感的绩效管理体系。这样的绩效管理体系具有以下消极后果。

1. 降低员工的归属感

绩效管理体系如果无法给员工一个恰当而精准的绩效反馈结果,并且这个绩效反馈使得员工感到不公平、不公正,那么员工的自尊心就有可能会受到伤害,这种伤害会从深层影响员工对组织的归属感和信任度,进而影响到整体的绩效管理体系,使其影响基本功能的发挥。

2. 造成员工流失

如果员工认为绩效管理过程尤其是绩效评价的结果存在不合理、不公平,那么他们就可能感觉到不安、情感受挫,进而导致跳槽、离职。即使由于各种原因员工暂时没有流走,也会大大降低员工在工作中的积极性,或者处于寻找跳槽的机会的状态。

3. 导致员工倦怠

糟糕的绩效会削弱员工完成任务的动力,如员工做出了优良的绩效而没有转化为有意义的薪酬待遇,或者无形的报酬,员工的工作动力就会受到削弱。同时工作努力与薪酬管理不匹配，会导致工作满意度下降，工作出现消极懈怠，工作效率下降。

4. 浪费组织资源

实施组织绩效管理体系需要花费大量的金钱和时间，当绩效管理体系设计不佳，质量不高，运行不良，这些资源就都被浪费。糟糕的绩效管理体系会使管理者对职责以及资源分配产生压力，员工也会感受到工作任务额变得更加繁重，因此也常常被管理者和员工抵制。

（二）良好的绩效管理体系及其特征

良好的绩效管理体系是指那些能够充分实现组织战略目标，与组织的内外环境一致，具有完整性、实用性和成本效益好的，员工积极参与、主动接受，能感受到公平的绩效管理体系。良好的绩效管理体系具有以下特点。

1. 保持与组织战略和环境一致性

良好的绩效管理体系，本身能够有助于组织和部门战略目标的实现，整个组织内包括员工个人目标都紧密地与组织目标结合。同时良好的绩效管理体系一般与组织文化高度契合，使组织文化通过绩效管理体系融入员工的日常行为中。并且提高组织对外部环境的适应性。

2. 具有完整性和明确性

良好的绩效管理体系包括完整的四个维度。一是，所有的员工都应当被考核和评价。二是，所有的主要工作职责和任务都应当被评价，包括员工的行为和结果。三是，整个绩效的周期和环节都要进行全面的评价。四是，不仅要对员工评价，而且要反馈，并为员工成长提供帮助和培训。明确性主要是绩效管理体系应该明确具体，给员工提供详尽具体的任务目标和实现路径。

3. 显示实用性和有效性

良好的绩效管理系统应当是很容易使用，绩效数据收集比较轻松，简明又充分，基于便捷方式和方法获得。使用的绩效管理系统具有成本收益的特点，即完成绩效管理的成本应该低于使用绩效管理所产生的收益，并且在成本最优的情况下完成。有效性体现在绩效衡量指标的有效性，包含与绩效相关的各方面的内容，具有充分性，同时不包含与绩效无关的内容，即每一个收集的指标都对绩效评价有价值。

4. 体现参与性与公平性

良好运行的绩效管理体系本身是持续利用各种渠道的信息，这些渠道包含组织管理者和员工都充分参与。员工能充分表达自己对绩效指标设计、绩效管理运行、评价和绩效结果等方面的意见和建议。绩效管理系统可以被所有参与者接受，且能够感受到公平，这里的公平体现在分配的公平、程序公平、人际公平和信息公平。要实现这四个方面的公平，需要制定一套清晰的规则，使得所有的管理者都能够以一种一致性的方式对这套体系进行运用。

第二节　绩效管理体系的构成

一、绩效管理体系的构成

绩效管理体系是人力资源管理体系的核心，也是整个企业管理体系中的重要组成部分。从狭义看，绩效管理体系主要是指绩效管理过程体系，包括由绩效计划、绩效监控、绩效实施、绩效评价、绩效反馈和绩效考核结果应用等维度构成。而广义的绩效管理体系，不仅包括了绩效管理的过程体系，还包括绩效管理的目标体系、组织保证体系、制度支持体系等，其中绩效管理的过程体系是其最重要和关键的体系。

（一）绩效管理的目标体系

绩效管理的目标体系是指由组织战略目标、部门目标或团队目标，及员工目标构成的层级分明又彼此密切联系的目标体系。建立绩效管理的目标体系，首先，从分析组织战略目标开始，根据组织的长远发展战略，明确组织的目标，以此确定组织顶层的关键绩效指标（KPI）。其次，结合组织内的结构特点和部门构成特点，把组织层面的 KPI 分解为部门或团队的 KPI。最后，根据岗位职责和工作分析，把部门 KPI 进一步细分为具体岗位的 KPI，以保证每一个部门、团队和员工的努力方向和成果都与组织的战略目标保持一致，形成纵向上的目标共同体。同时在各层级之间如部门之间、团队之间、员工之间、跨部门员工之间的目标形成各司其职又彼此关联的横向共同体，实现1+1>2 的合力效果。

（二）绩效管理的组织支持体系

组织保证体系是指为促进绩效管理体系的高效运行，从组织的领导层面提供的支持和保障。任何组织的高效运行都离不开组织高层的支持，绩效管理系统尤其是这样，因为绩效管理涉及员工和团队的切身利益，关系员工的薪酬待遇和职位变迁，还影响组织内各种资源的配置。绩效管理的效果在一定程度上取决于组织保障是否有力，特别是组织高层管理者是否重视和全力支持。通过成立具体的组织机构

和运行部门来推动绩效管理的运行，如建立组织顶层的绩效管理委员会，绩效管理办公室、绩效管理推进小组等职责明确的组织保证体系。并且各级绩效管理机构中都有相应层级的领导担任主要负责人，确保绩效管理的全面实施。

（三）绩效管理的制度保障体系

制度支持体系是实现绩效管理规范化、常态化的基础，是使绩效管理明确具体又公平公正的前提。要保障绩效管理过程的顺利进行，保证组织战略目标的落实，必须建立一套与之相适应的管理制度体系，为绩效管理的每一个环节和过程提供匹配，以及有利于绩效反馈和结果运用的相关制度。这里的制度既包括针对绩效管理本身的制度设计，如绩效管理制度，绩效实施制度等，具体用于规范、指导绩效管理和运行的制度；同时还包括了促进绩效管理高效运行的配套制度或相关制度，如薪酬福利制度、员工培训和晋升制度以及组织内财务制度等，这些制度本身并不是规范绩效管理的直接制度，但是绩效管理过程中起间接影响的制度。这些相关制度有力地保障了绩效管理实施，制度之间形成相互依存的有机体，共同推动绩效管理体系的高效运行。

（四）绩效管理的过程体系

绩效管理的过程体系是基于绩效管理运行阶段组成的循环过程，主要包括以下过程：绩效计划、绩效实施、绩效评价、绩效反馈、绩效结果运用。绩效计划，是一个确定组织对员工的绩效期望并得到员工认可的过程。具体而言是在一个新的绩效周期开始时，管理者和所属员工根据组织的战略目标和一个周期的工作计划，通过充分交流和沟通，共同确定组织、部门、团队和个人的工作任务，并签订绩效目标协议的过程。绩效实施，一旦开始了新的绩效周期，员工就应该按照绩效计划全面、努力的行动，履行工作职责，完成绩效要求的各项任务。同时管理者对员工工作情况进行指导和监督，并对存在的问题及时提醒和提供帮助等。简单而言，绩效实施是全面实施绩效目标的过程。绩效评价，是管理者和所属员工共同完成绩效评估，评估的内容是员工在多大程度上表现出组织期望的行为，以及组织期望员工达成的工作结果是否已经达到计划目标。绩效反馈，是绩效评价完成后，组织把评价的结果反馈给员工，并分析存在的问题和原因，制定改进计划等过程。绩效反馈一直被运用于组织管理实践中加以改善绩效管理。绩效结果运用，绩效结果除了运用于绩效诊断和绩效改进外，也运用于人力资源管理过程，如职位变动、培训和开发、薪酬调整等。整体上从绩效管理运行的几个环节构成了完整的绩效管理过程体系，过程体系在绩效管理中占据了主体地位。

二、绩效管理体系的功能

（一）战略功能

绩效管理体系将员工的工作行为与组织的战略目标联系在一起。在绩效管理系统的作用下，组织通过提高员工的个人绩效来提高组织的整体绩效，从而实现组织的战略目标。由此可见，绩效管理体系是与组织的战略密切相关，组织战略目标的实现离不开绩效管理体系所发挥的应有作用。而绩效管理系统也必须与组织的战略密切结合才具有实际的意义和价值。

（二）管理功能

绩效管理体系为组织管理决策提供重要的信息，绩效管理的管理目的是基于员工绩效表现，给予相应的评价，结合绩效薪酬管理，确定对应的奖罚，从而达到激励员工的目的。绩效管理中绩效考核的结果运用于人力资源管理中，如对员工进行调薪、晋升、续聘或解雇、培训等。

（三）开发功能

通过绩效管理体系能够给组织呈现出员工能力与水平的精准画像，有利于组织发现员工完成绩效计划中存在的不足之处，并通过综合分析寻找到原因，从而充分利用组织内外的资源对员工开展针对性的培训和开发，进而提升员工的工作能力和水平，更加胜任工作要求。尤其是绩效管理过程中的反馈，能够及时指出员工绩效不佳的方面，并且找出绩效不佳的原因。

三、绩效管理体系的组织环境分析

环境因素是影响组织绩效、员工绩效的重要因素。环境因素包括内部和外部环境，外部环境体现在宏观环境如经济环境、社会环境、文化环境。内部环境，主要是组织战略、组织文化、高层管理者认知、组织治理结构等直接影响绩效管理的组织环境。环境因素从其作用又可以分为促进性环境因素和阻碍性环境因素，阻碍性因素是指工具与设备、实践以及工作环境限制个人发挥他们与工作任务要求的知识、技能和能力，降低了员工的工作动力。促进因素主要是培训、目标设定、管理方法等能提升个人工作积极性，提升个人绩效的因素。这里主要从组织环境的角度分析，这有利聚焦在直接组织绩效管理的直接环境因素上。

（一）组织目标和战略

组织启动绩效管理，设计绩效管理体系，首先需要全面、深入理解组织发展的目标，明确组织的战略。从环境层面讲的目标主要是组织发展的长远目标，具有愿景、使命性质的组织目标，这些目标体现了组织发展的方向和目的。组织战略是基于组织目标的一致性认识，是企业绩效管理体系开发和设计的基础。组织战略是企业为了实现组织长远目标所选择的途径，为组织提供指导原则、思路和行动指南。组织战略体现了组织运行思想，是一系列战略决策的集合，包括产品战略、运营战略和投资战略等。对于组织绩效管理体系的开发和设计，组织目标和组织战略是制定企业发展的远景和规划，绩效管理在其指导下具体化为管理体系。组织在设计绩效管理体系时，需要确定组织往何处发展，组织发展过程中侧重什么、有哪些关键因素和问题会影响组织的发展。

（二）高层管理者管理理念和认知

组织高层管理者所依靠的管理理念、管理知识，由此形成的管理思想，对组织的绩效管理有很重要的影响。尤其是管理者对员工人性的认识，这决定了管理者所采取的管理策略和方法，并体现了绩效管理中的管理风格、方式和手段。如果管理者认为员工的本性是懒惰的，没有进取心，工作的目的是提高工资，那么管理者倾向于采取任务型的考核方式，和较为严格的监管体现，在绩效管理体系设计中也突出薪酬绩效的作用，主要依靠收入和解聘等方式刺激员工的工作积极性。而如果管理者认为员工是社会性主体，并且追求个人实现，在工作中具有很高的主动性和积极性，那么管理者会采取更多放权的方式，在绩效管理中，会进一步强调员工参与，实现的管理方式也更加人性化，突出团队作用，促进员工的自我实现，职业发展和规划。

（三）组织治理结构

组织对执行、管理、监控、决策等基本职能在各层次上分配合理，内部各级组织结构清晰，管理和运行流程合理、职位职权明确，那么良好的组织治理结构将更有利于建立科学合理的组织绩效管理体系。因为这样的组织结构更有利于把组织战略分解到各层级部门以及具体员工上，并且在绩效管理过程中，组织的信息流和资源流更加顺畅，运行效率高。且出现问题时权责明确，相应的负责的管理者能及时与员工进行沟通和交流，及时寻找内外部的资源解决问题，消除障碍，实现绩效的调整。相反如果组织治理结构较差，则绩效管理体系很难有效实现组织战略目标，并且在任务分解上容易出现较差重叠或空白。出现问题往往缺乏明确的责任主体，职能相关者可以推卸责任。从而导致绩效管理体系的混乱,功能无法发挥。因此良好的组织治理结构有利于构建运作顺畅、权责清晰的绩效管理体系。

（四）组织文化

组织文化是组织成员的共同价值观体系,它使组织有别于其他组织,且特征明显。绩效管理与组织内部环境相辅相成,相互影响相互作用。科学、合理的绩效管理体系有利于促进和强化组织文化。合适的组织文化有利于组织绩效提升和员工绩效改善。良好的组织文化通过对组织价值观的宣教,激发员工形成共同的使命感、归属感,让员工在工作过程中产生认同感。组织文化对员工的动机、努力程度和行动都有潜移默化的作用。良好的组织文化还有提供沟通交流的平台,创建非正式交流的空间,营造相互信任相互理解的文化氛围,促进组织内的合作,提高员工和组织的绩效。这反映出组织文化对绩效管理体系的影响。

专栏 2-2

《水浒传》第五十九回,晁盖中毒箭而亡,宋江在众人的推举下,做了梁山的第一把交椅后,说道"小可今日权居此位,全赖众兄弟扶助,同心合意,共为股肱,一同替天行道。聚义厅改成忠义堂"。这显示宋江当上梁山之主后,马上调整了组织目标,从聚义厅改成了忠义堂。梁山从之前把"义"作为唯一的目标,变成了既要讲义气,同时还要讲忠,忠于国家。并以替天行道作为行动的要求,同时通过朝廷的招安,实现了彻底的转换。

启示:任何组织都需要有自己的战略目标,这个战略目标本身也会随着内外部环境的变化而调整。例如最高领导人的改变,以及外部环境的变化,组织规模壮大,等等,初始的组织目标已经难以适应组织进一步发展的需要,调整组织目标成了组织转型的关键点。组织目标改变后,组织的战略也相应地进行调整,并且建立与之相适应的组织文化,和优化组织结构和组织的治理体系,从而更好地帮助组织实现新的战略目标。

第三节　绩效管理体系的设计与推行

一、绩效管理体系的设计

（一）设计绩效管理体系要注意的问题

组织建立绩效管理体系是要充分考虑组织的特点及其所处的内外环境。尤其是组织要意识和考虑到组织战略、业务流程、组织结构、岗位职责、组织文化、组织规模及发展阶段等因素对绩效管理系统的影响。

1. 是否有明确的组织战略目标

组织建立绩效管理体系时，最容易面临的困境和障碍是组织战略目标不明确，无法清晰阐述和描述出组织的使命和愿景是什么，也直接导致组织发展目标和方向的混乱。因为绩效管理体系核心就是把组织的战略目标层层分解给各个部门和所属的员工，并对完成目标的行为和结果进行全过程的管理。如果目标不明确，在前端任务的分解就导致严重的分歧和错误。

2. 是否有较强的组织管理能力

组织的管理能力较弱，各级管理者的管理能力和管理素养不高也是组织构建绩效管理体系时面临的主要障碍。基层管理者的能力是组织进行绩效管理的基础，其水平高低会直接影响到绩效管理体系的有效运行。较低的管理能力，不仅限制了绩效管理体系功能的发挥，而且影响到其他管理活动有效运行。员工特别是管理者的管理素质决定了绩效管理体系的最终实施效果，如果组织的人员达不到绩效管理体系要求的基本能力，那么绩效管理体系就失去了支撑的载体，变成形式的体系，而无法有实质的作用。

3. 是否具备合理、完善的组织业务流程

组织的业务流程是否具备合理性，这也影响到组织绩效体系的建立。只有建立在科学、合理、规范的业务流程上，绩效管理体系才能得到正确和完全的遵守和执行。否则即使有比较好的绩效管理体系，但是缺乏完备和合理的业务流程规范作为保障，也会导致绩效管理在实践运行中偏离预定目标。因为流程不规范导致很难界定各项绩效指标设定的基础及其评价结果的规范性、准确性、科学性和可靠性，由此也会动摇绩效考核的基础，失去员工的信任。

此外，组织的结构体系、组织文化等也会对建立绩效管理体系产生内在的作用。而组织本身所处的发展阶段和发展规模对组织绩效管理体系的构建也有外在的影响作用。因为组织的不同发展阶段所面临的任务、机遇和挑战是明显不同的，而这又和组织的规模有关。因此从绩效管理实践来看，没有一个可以套用任何组织的模式，单纯的照搬照抄绩效管理体系，而不具体考虑组织自身的特点和需求，往往会出现严重的不适应性。完全套用其他组织绩效管理的做法不仅不能达到绩效管理的预定目标、发挥绩效管理的功能，而且会损害组织的整体战略，造成资源浪费和组织发展失序。

（二）如何构建绩效管理体系

有效的绩效管理体系可以帮助组织实现战略目标和管理目的。通过设计绩效衡量指标和反馈体系，确保员工能够按照战略目标的要求，做出符合绩效要求的工作行为，完成工作任务，实现组织所期待的结果。构建绩效管理体系最难的地方是管理人员对绩效管理体系的认识是否到位，且具备相关的技能。同时构建绩效管理体系还需要一些相互支撑的基础，如预算管理、合理薪酬体系、培训开发机制等。

一方面，构建绩效管理体系要改变传统管理者对绩效管理的认识，使管理者改变绩效管理仅仅是人力资源部门的事情的错误认知，而应该把绩效管理看成是组织各级管理者的基本职责。另一方面，通过培训提高管理的绩效管理技能。每个主体不管是管理者还是员工都对绩效管理承担一定的责任，要认识到绩效管理对组织的重要意义和价值，充分理解组织绩效管理目标和战略，并与自己的工作行为结合。尤其是高层的管理者应该对构建绩效管理体系给予全力的支持，并且从人财物等各方面给予充分配合和有力的帮助，确保绩效管理在组织内得到充足的资源保障。同时也要通过多种形式的培训和开发，提升管理者绩效管理水平和能力，掌握基本的技能，能熟练的高质量的完成绩效管理的工作任务。

前期的准备工作完成后，要开始绩效管理的具体落实和实施了。绩效管理的实施也要按照计划和流程有条不紊地进行。绩效管理体系的构建还离不开其他管理体系的配合和支持。这些体系主要有：岗位工作标准体系，进行岗位描述并确定工作标准，从而确定绩效衡量的标准。计划及预算管理体系，建立与财务评估相关的指标，如收入指标、成本费用、利润、资金、资产等各项指标。管理信息系统，由于绩效管理体系需要大量的数据作为基础，数据的收集、统计、分析、比较等工作需要现代化的技术进行处理，由此形成了信息管理系统，不仅可以提高信息收集的效率，而且保障数据长期性和准确性。

（三）绩效管理体系的设计步骤

绩效管理体系的设计可以分为五个主要的阶段：第一个阶段，通过问卷调查、访谈、座谈和一对一谈话等方式对公司目前的绩效管理体系进行评估,主要包括,各部门、各职位现行的考核指标,考核结果的运用和反馈方式等,直接主管在考核与绩效薪酬分配上的权限。第二个阶段,通过与公司中高层管理者会谈来确定公司的愿景、使命、目标、战略和运营策略,充分吸收和借鉴已有项目成果的经验,规划和总结出组织关键结果领域。第三阶段,对战略目标逐层进行分解,从上而下形成组织层面、部门层面和职能层面的KPI,结合前期工作分析建立的基础,以员工的具体工作职责和任务为基础提炼出具体的员工绩效指标,并将上述两类指标相结合,形成各职位的考核指标。第四阶段,与各层级管理者和员工进行绩效指标的沟通,让管理者与员工充分了解自己工作的绩效指标,同时通过专门的绩效管理培训帮助建立关键职位KPI的目标值。第五个阶段,在多方的协作下形成具体的绩效管理制度,主要包括,考核的意义,考核的主体、客体、内容、方式和流程等,绩效反馈,绩效结果的运用等。由此形成了在一个周期内的绩效管理循环,由对前一个绩效的评估、到新绩效的战略目标确立和分解,再到建立各级部门和员工关键绩效指标,形成绩效管理制度,具体化每个绩效管理环节,最后完成新的绩效管理体系。

专栏 2—3

英国历史学家查理·巴特森写过一本名叫《犯人船》的书,书中记载了这样一个历史故事。18 世纪,英国政府为了开发新占领的殖民地——澳大利亚,决定将已判刑的囚犯运往此地。从英国到澳大利亚的船运工作由私人船主承包,政府以上船的犯人数支付船主费用。船上设备简陋,没有医疗药品,更没有医生。船主为了牟取暴利,还尽可能地多装人,导致船上条件十分恶劣。结果从英国到澳大利亚的囚犯死亡率一般为12%,有时甚至高达37%。后来经过调整,政府按下船时实际到达澳大利亚的囚犯人数付费。新制度后,囚犯死亡率下降到1%以下。

启示:同样的目标,即把囚犯从英国安全运到澳大利亚,但是配套制度设计的不同导致不同的结果。在这个案例中,基于目标的报酬支付制度从以前的按照上船的囚犯的数量支付费用,到按照到了澳大利亚下船的囚犯数量支付费用。从政府角度来说支付费用并没有减少,但是这种方式很快改变运输囚犯的商人的行为,他们尽可能改善运输船的环境,并且保证囚犯安全到达澳大利亚,这样他们才能获得尽可能多的费用。在新的激励制度下,英国政府安全运输囚犯的目的得以实现。

二、绩效管理体系的推行

构建绩效管理体系后,下一步就是在组织内全面推行绩效管理体系。主要包括以下内容,通过沟通计划提高组织成员对绩效管理体系的理解和认同,消除认知的偏差和对变革的抵触。面对绩效管理中的分歧和争议,有合理的申诉程序,进行权益的救济。提供减少非故意性评价误差的培训课程,同时在正式实施绩效管理体系之前进行整体性的测试,调整和修订,使其处于最佳状态。并对绩效管理体系实施的全过程进行监控和评价。

(一)沟通计划

在推行绩效管理体系之前,在组织内进行充分的沟通和交流,使绩效管理的每一个参与者,能够清楚以下问题,什么是绩效管理,绩效管理体系与组织战略是如何匹配的,绩效管理体系对组织和员工带来什么好处,绩效管理体系是如何运作的,员工本人在绩效管理体系中承担什么责任,绩效管理与组织的其他管理活动的关系,如何相互作用等。虽然对上述沟通内容的了解,有助于促进绩效管理体系的推进。但是如果员工不愿意或者对变革不感兴趣时,容易出现选择性接触、认知和保留等三种偏差。这三种偏差的普遍存在,往往导致沟通计划无效。为解决这些偏差需要考虑以下内容,如吸收员工的参与,理解员工的需要,提前干预负面后果,提供事实和结果方面的信息,兼用书面文字方式,多渠道、多主体、多次交流。

(二)申诉程序

构建便捷、畅通的申诉程序有利于保障员工权益,尤其员工认为权益受到损害时能够采取制度化的手段进行救济,从而有助于提高员工对绩效管理体系的认同,公平感等。通过申诉程序也可以使员工明白,一旦他们无法接受自己得到绩效评价结果或者任何与此相关的决策,他们可以通过一种平和的非报复性手段提出申诉。从实践来看,员工往往对两方面的问题提出自己的疑问,即判断性问题和管理性问题。判断性问题主要是绩效评价的效度,管理性问题主要是涉及是否遵循了相关的政策和程序。员工申诉程序主要有以下几个步骤:首先,向人力资源部门提出申诉请求或主张,人力资源部门根据内容收集必要的事实,人力资源部门联系评价者并建议采取纠正措施。其次,向外部仲裁者提出申诉,如管理者等,仲裁者审查案件,查看资料,根据需要收集更多信息和事实,进行投票,或上转给上一级管理者。最后,高层管理者在考虑仲裁小组投票结果的基础上做出最终裁决。由此形成从下到上多层次的申诉系统,并保障申诉程序的顺畅、高效和公平。

（三）培训与测试

对绩效评价者进行培训是绩效管理体系实施前的必要步骤。一方面，培训可以为绩效管理体系的参与者提供支持性的工具和基本技能；另一方面，培训可以提高参与者对绩效管理体系的理解和满意。主要对以下方面进行培训：评价者误差培训、参照框架培训、行为观察培训。评价者误差培训使评价者意识到他们可能出现什么样的评价误差，如相似性误差、对比误差、晕轮误差、前因误差、近因误差、负面误差、溢出误差等。参照框架培训主要是让评价者完全熟悉和理解需要评价的每个绩效维度，从而提高评价的准确性。通过建立一个通用的参考框架，使评价者具有精准评价的能力。行为观察培训是为了使无意的误差最小化而实施的培训，主要是培训评价者如何观察、存储、回忆以及运用绩效信息的问题，总的来说，这种类型的培训会提高评价者观察绩效的技能。在正式实施绩效管理体系之前，一般要对整个体系进行一次测试，主要是为绩效管理体系的改进提供非常关键的信息，及时发现潜在问题并进行改正，为组织节省大量的时间和精力。

（四）监控与评价

在测试和调整完成后，绩效管理体系在组织全域范围和全体成员内开始实施，利用专门的评价方法和清晰的评价指标对绩效管理体系进行监控和评价。这种评价方法包括通过匿名问卷调查监测员工对绩效管理体系的认知和态度，检测员工的绩效分数是否存在持续上升的趋势。同时通过构建评级指标对绩效管理体系进行常规性监控和评价，这些指标主要有，被评价者人数、非量化绩效数据的质量、后续行动的质量、绩效讨论会议的质量、用户对绩效管理体系的满意度、总体成本收益、部门层面和组织层面的绩效等。这些指标是证明绩效系统带来的价值增值的强有力工具。通过监控与评价可以把控绩效管理体系的运行，尤其是掌握绩效管理体系在多大程度上按照预定的规范和标准运行，且在多大程度上实现了预期结果。

复习思考题

1. 战略管理是什么？
2. 如何实现战略性绩效管理？
3. 运行良好的绩效管理体系有什么特征？
4. 绩效管理的过程体系由哪些部分构成？
5. 绩效管理体系的功能有哪些？
6. 设计绩效管理体系需要注意什么问题？
7. 设计绩效管理体系的步骤有哪些？

8. 如何推行绩效管理体系？

案例分析题

比亚迪是一家致力于"用技术创新，满足人们对美好生活的向往"的高新技术企业。比亚迪成立于 1995 年 2 月，经过 20 多年的高速发展，已在全球设立 30 多个工业园，实现全球六大洲的战略布局。比亚迪业务布局涵盖电子、汽车、新能源和轨道交通等领域，并在这些领域发挥着举足轻重的作用，从能源的获取、存储，再到应用，全方位构建零排放的新能源整体解决方案，比亚迪是香港和深圳上市公司，营业额和总市值均超过千亿元。比亚迪 1995 年从深圳起步走向全球发展，战略目标的调整是其发展和壮大的关键。

比亚迪 2003 年对西安秦川汽车有限责任公司收购，开始汽车生产、销售。2009 年进入公用新能源汽车市场，2011 年，由于国内外汽车产业环境的变化，且比亚迪汽车自燃等负面事件的影响，企业发展受挫，当年企业净利润同比下跌了 45%，2013 年。比亚迪开始调整经营战略，将企业战略目标确定为两个方面，一是发展新能源产业，二是制造低耗节能的绿色产品。2014 年比亚迪有制定了"542"战略规划，成为汽车行业新的行业标准制定者。经过战略调整，比亚迪各方面指标开始变好。为实现各方利益均衡，比亚迪采取法人治理结构、通过科学的方法，不断完善改进公司结构。扩造了"事业群+事业部"的组织架构，并成立了专门研究院。比亚迪围绕新的战略目标开始建立高效的绩效管理体系。从企业战略出发，层层分解确定选取相应的评价指标，使员工在绩效管理过程中对企业战略目标有较为清晰的认识和了解。通过绩效管理体系，对战略执行的过程进行监督和指导，并形成有利于促进战略目标实现的企业文化。平衡了企业的短期利益和长期发展，有利于比亚迪在新能源企业行业维持长期发展。通过绩效管理体系进一步优化了比亚迪人力资源管理，加强企业各部门之间的沟通协作，优化业务协作流程，提高了经营效率。2021 年比亚迪营收 2161 亿元，同比增长 38.02%，2021 年研发投入金额 106.26 亿元，同比增长 24.2%，占总营收的 4.92%，现有员工 22 万，逐渐成为新能源汽车领导者。

分析与讨论：

1. 战略是什么？分析战略调整对比亚迪的发展有什么样的影响？
2. 比亚迪如何建立与新战略目标相适应的绩效管理体系，这对其发展带来什么样的作用？

第三章　绩效计划

本章导读

绩效计划是实施绩效管理的首要环节，也是绩效管理体系成功运行的核心内容。绩效计划的科学合理关乎着绩效管理的整体实施。组织绩效计划的目的是为了确保组织各级有明确一致的目标，从而确保组织战略的推进和目标的实现，因此，绩效计划需要组织的高层管理者、部门主管、员工三方商定，就未来需要完成的工作任务确定绩效标准，并分析出每个岗位需要实现的核心工作目标，并就此与员工达成一致。同时绩效计划也有指导员工行为的功能，通过制定科学合理的绩效计划，可以是员工更好地参与该周期的绩效计划，并清楚他们可能遇到的问题以及解决方法。当计划期结束时，绩效计划是评估员工的重要依据。同时在设定的计划周期结束时，原先设定的绩效计划可以成为评估员工工作成果或者成长的重要依据。要做到这些功能的前提是要理解绩效计划的相关概念，即明确在绩效计划的过程当中，绩效标准与绩效目标具有不可替代的作用，同时还需要清晰的掌握绩效计划制定的过程与步骤。本章从绩效计划的含义入手，从绩效目标与绩效标准区分的角度阐释了其不同，阐述了绩效计划的程序以及制定绩效标准的步骤和方法，明确了绩效目标制定的依据，并指出在绩效计划的制定与实施过程中管理者应该注意的问题。

学习目标

通过本章的学习，能够了解绩效管理系统的构成要素，绩效计划在绩效系统中的地位和作用，绩效管理目标与标准的含义，掌握绩效计划制定的基本程序和绩效目标设定时应遵循的基本原则。熟悉绩效计划沟通过程中应注意的主要问题。

关键概念

绩效计划　　Performance Plan

绩效目标　　Performance Objective
期望理论　　Expectancy Theory
绩效标准　　Performance Standard
绩效评估　　Performance Appraisal
心理承诺　　Psychological Commitment

凡事预则立，不预则废。

——《礼记·中庸》

第一节　绩效计划概论

一、绩效计划的相关概念

绩效计划是由组织中的管理者和被管理者共同制定，以确定组织成员在限定的计划周期内应该完成什么样的工作目标以及这些目标该达到什么样的绩效标准，并最终形成一个书面的绩效计划书的过程。绩效计划包括：员工应该做什么，即绩效标准；员工在什么时间、做到什么程度，即绩效目标；工作中的重点是什么，即绩效权重；绩效计划的表现形式，即绩效协议。这些都是绩效计划的重要组成部分。

（一）绩效内容

绩效内容明确了组织成员的工作任务，一方面，引导了员工在绩效评价期内所需完成的工作任务；另一方面，也有助于确保绩效评价能够维持一个公正的角色。绩效内容主要包括绩效项目和绩效指标两个部分。一般来说，作为核心内容的绩效项目主要有三个：工作业绩，工作能力和工作态度。而绩效指标是针对绩效项目的细化与补充，即不同的绩效指标在不同的项目中有自己的独特性，如对于工作的业绩来看，数量、质量、成本和时间往往是重点考虑的设定指标的内容；针对工作的能力和态度，则更讲究从实际出发，根据所处的环境、职位的职责、特定岗位的设定来进行指标设计。

（二）绩效标准

绩效标准是制定绩效计划的重要内容，体现了岗位内容对员工的独特要求。因此，确定绩效标准是制定和修改绩效计划的前提，只有在确定绩效标准的基础上，绩效目标和计划才能与组织成员，即具体的计划执行者更好的相契合。一份有效的绩效标准应该包括：绩效期间员工需要完成的工作职责、绩效期内员工的绩效目标、员工绩效标准中的关键绩效指标、员工绩效指标中关键绩效指标的权重以及什么是最重要的，什么是次要的。

1. 绩效目标

绩效目标是为了使工作有一个客观的衡量标准而制定的，不同于绩效标准专门为工作制定的，目标制定是针对部门或个人，包括组织的发展战略和计划。绩效目标以绩效标准为基础，绩效水平是以组织和组织成员现有的工作水平作为依据，体现了管理人员对组织和成员提出的具体目标。挑战性是目标的一个典型特征。一个工作只有一套的工作标准，可是工作目标却可以根据不同的员工进行制定。具体的也会根据不同员工的特点、经历来制定目标。

2. 绩效权重

绩效权重是指在绩效期间，组织对关键的组织目标在不同的工作内容中设定不同的优先级，对员工最重要工作职责设定更高的权重。对于被考核者而言，如果每个绩效指标的权重相同，容易达到的目标往往比较被优先选择，因为这样的总体分数会更高一些。而设定不同层次的权重目标，更能够对目标进行优化。权重在引导员工朝着哪个方向努力工作方面发挥着作用。极具分量的绩效标准也是一项引导员工花费更多时间和精力完成的工作。

二、绩效计划的特点

（一）绩效计划的主体是管理者与被管理者

绩效计划通常由各个级别的员工共同负责，涉及管理者和被管理者各个层级。绩效计划的制定会根据不同层次的绩效而不同，管理者对被管理者应该提供必要的指导。通常组织中有一个专门的团队，如建立高层领导参加的专门委员会，来对绩效计划工作进行统筹安排，以保障各部分和各层级的绩效计划互相协同，共同组织绩效计划，而员工的个人参与是提高绩效计划乃至绩效管理有效性的重要保证。通过参与绩效计划的制定，员工可以对自己制定的计划有更高的认可感，从而在工作中更加积极。

（二）绩效计划是承接组织战略、面向评价的书面契约

绩效管理的战略原则体现在推行绩效管理以促进组织战略，这就要求绩效管理

要围绕组织的相关目标战略进行规划,对绩效计划的实施进行客观公正的评价,以形成有效的绩效信息和促进绩效管理战略。目的、发展目的和管理决策目的的实现,就是解决"评价什么"和"评价多长时间"的问题。经理与被管理人共同制定绩效计划后,应签订书面绩效合同。本合同包括员工绩效管理周期内的工作目标、优先事项、自身权利和义务、完成时间和结果评价标准。这种绩效合同通常采用绩效任务书的形式。人力资源经理、各职能部门经理、员工个人必须对载有上述内容的绩效任务书达成一致,并签字批准。这样,绩效计划就被视为在绩效管理周期中,员工进行工作,管理者对员工的绩效进行评价的计划。

(三)绩效计划内含管理者和员工双方的心理承诺

在这个双向沟通的过程中,管理者和员工对互相从行为和心理上的认同对任务的完成尤为重要。社会心理学认为,当人们亲身参与了某项决策的制定过程时,他们一般会倾向于坚持立场,并且在外部力量作用下也不轻易改变立场,参与程度越大,态度改变的可能性越小。这一结果运用到绩效计划时,原理也是一样的。在制定绩效计划时,员工和管理者参与计划的制定,通过双方充分的沟通达成一致并形成绩效契约,这就相当于员工对绩效计划的内容做出了公开的承诺,那么,员工就会倾向于坚持自己的承诺,即使在遇到困难时也会履行所签订的绩效计划,员工遵守自己的承诺也有助于维护员工个人形象的统一性。

专栏 3-1

　　美国惠普公司创造了一种独特的"周游式管理办法",鼓励部门负责人深入基层,直接接触广大职工。

　　为此目的,惠普公司的办公室布局采用美国少见的"敞开式大房间",即全体人员都在一间敞厅中办公,各部门之间只有矮屏分隔,除少量会议室、会客室外,无论哪级领导都不设单独的办公室,同时不称头衔,即使对董事长也直呼其名。这样有利于上下左右通气,创造无拘束和合作的气氛。

　　启示:单打独斗、个人英雄的闭门造车工作方式在现今社会是越来越不可取了,反而团队的分工合作方式正逐渐被各企业认同。管理中打破各级各部门之间无形的隔阂,促进各部门、各员工共同参与组织的发展,促进相互之间融洽、协作的工作氛围是提高绩效的良方。

三、绩效计划的类别

（一）宏观层面的绩效管理计划

宏观层面的管理计划就是在整个组织内部实施长期绩效管理计划的行动，具体包括有以下几个方面的内容。

1. 将绩效系统在内部试运行以清楚其制约性因素

因为绩效管理的实施会受到多方面因素的影响，比如组织战略、员工素养、企业文化等。有时候难以清楚是什么方面出了问题，因此在推行绩效管理计划之前，我们应该从内到外进行系统性的分析，进而不断明确在这个过程中所造成的阻碍与挑战。

2. 目标制定和分解是绩效管理的主要内容

组织战略里的管理目标都与绩效管理周期相适应。总的目标确定是层层设立目标任务的前提，只有这样才能将组织目标细化到组织的各个角落当中，实现绩效目标管理。

3. 绩效管理计划实施的责任人是关键内容

绩效计划的实施是多方共同参与的，具体包括以下几个方面。

（1）组织管理者。

被考核者的工作目标主要是在与组织管理者进行沟通交流后设立的，因此组织管理者最有责任和义务对被考核者的任务完成情况进行相应的监督。

（2）下属或绩效参与者。

绩效管理活动是为了改进和提高被考核者的绩效和能力水平，是为了最大限度地提升组织的收益以及组织成员的自我能力，其中就包括增强被考核者的自我管理能力，因此需要让其参与其中。

（3）同事。

组织成员之间是否沟通顺畅、相处和睦、关系到组织目标的实现，这种情况在部门内部或者跨部门之间都比较常见，特别是对于业务支持部门来说，比如后勤部、人事部等，其工作绩效的评定很大程度上依赖于其他部门的打分，因此其他部门满意度对其整体绩效目标的实现十分重要。

4. 评估的周期

一般按照时间长短分为长周期和短周期，具体的时间长短则需要组织部门负责人与实际的绩效计划执行者之间进行沟通确定，把确定的结果与人力资源部门做进一步的细化，确定最终结果。

（二）微观层面的绩效管理计划

高层管理者通常确定宏观层面的绩效管理计划，人力资源管理等职能部门负责具体细则的制订并推动其实施。人力资源部门在推动企业的宏观绩效管理计划的同时，必须协助完成微观层面的绩效管理计划的制定。所谓微观层面的绩效管理计划是指管理者对下属进行绩效管理时，对工作目标和工作职责达成的共识。

可以把微观层次的绩效管理计划看成一个主管人员和下属对工作目标达成一致的绩效契约。这项契约主要应包括以下内容：员工在本次绩效期间所要达到的工作目标是什么？完成目标的结果；以及这些结果将从哪些方面去衡量，评判标准是什么？

签订绩效契约具有以下几个方面的作用。

（1）使管理者将精力集中在对组织价值最关键的经营决策上，在全组织创造业绩至上的组织文化，同时，以合同的方式体现被承诺的业绩达成的严肃性。

（2）明确组织中每个部门如何创造价值，实现公司内部资源的合理分配，将资源集中从事最具潜力的业务，提高组织内部管理透明度，对业绩进行监督和及时反馈。

（3）将个人对业绩负责的做法制度化，建立有效的激励机制，促使员工，尤其是管理者改变行为，使他们的利益与企业利益相一致。

四、绩效计划的地位与作用

绩效管理计划是一个显示组织对员工的目标期望并且希望得到员工的全面配合的过程，通过这个过程，可以将不同层次的目标相结合，并使得每个成员都能清楚的指导自己的职能与责任，具体而言，绩效管理计划具有以下几个方面的地位与作用。

（一）绩效计划是绩效管理中最为关键的环节

组织负责人和绩效实际执行者需要就组织在接下来绩效周期中的需要实现的绩效目标、实现目标的路径以及需要组织提供一系列资源与保障达成一致，以便在后面的绩效全面实施阶段，确定各个组织构成的职责分配，管理者也可以根据绩效计划对员工的工作进行有效的监督和检查。如果没有绩效计划，员工在绩效实施和辅导阶段的工作将失去目标，对管理者的监督和检查将失去依据，绩效评估中将无法使用评估标准，绩效反馈面试将失去相关性。总之，整个绩效管理工作很难开展，因此绩效计划是整个绩效管理的基础和前提。

（二）绩效计划是一种重要的事前控制手段

绩效管理里面最根本的目的是通过实现标准化的管理过程来推动整个组织的绩效提高，从而使整个组织的目标得以实现，并在此过程中不断提升员工的能力。组织的绩效目标通过绩效计划被层层分配到每个岗位。在这样的情况下，每一部分的组织发展都有明确的目标。同时通过绩效计划的制定，可以实现提早知道在绩效管理的实施过程中有可能出现的难题，并提前制定出应对方案。因此，绩效计划是一种有效的事前控制手段。

（三）绩效计划是一种重要的员工激励手段

根据弗隆姆的期望理论，工作中的每一个人都是理性的决策者，员工积极性取决于其在工作之前的一系列活动，比如努力有没有结果、结果有没有奖励以及奖励对自己有没有吸引力。理论将这种现象总结为：努力—绩效关系（成功的可能性）；绩效—奖励关系（获奖的可能性）；奖励—目标满足关系（奖励的吸引力）。

员工首先判断在当前情况下努力工作能够获得理想的绩效结果的可能性有多大，因为员工的绩效也受多方面因素的影响，不光是看看其有没有这一意愿，还要看看其有没有这个能力，在现有条件下员工经过努力能够实现的目标是最具激励性的目标，其他的不管是在水平之下或者水平之上，激励性都会小一些。因此，绩效计划过程中，通过上下级的充分沟通，根据员工的能力水平制定具有心理挑战性的工作目标，是对员工进行激励的一种重要手段。

第二节　绩效目标的确定

一、绩效目标的意义及其作用

在日常的组织管理当中，存在着组织所制定的发展目标与组织的实际活动情况相脱离的情况，人员的日常行为活动中，并未将组织目标与绩效目标更好地结合起来，因此会造成：做的是一个方案，规划的是另外一个方案。因此，建立一个与组织基本发展目标相一致的绩效目标很重要，具体体现在以下几个方面。

（一）为优化绩效判断提供可衡量的依据

绩效目标的细化便于操作，也可减少评估者与被评估者之间的误解，同时在对于评价绩效中也更加的有利。

（二）有利于员工明白自身的价值

与企业目标相一致的绩效目标能够使得员工清楚自身任务在组织中的价值，也明白自己在组织中的角色，从而提高工作积极性与自我认同感。

（三）有利于员工的自我管理与自我发展

明确的绩效目标能够帮助员工自我管理和监督，增强自我发展的意识和能力，这在知识型员工中，显得十分的突出。

专栏3-2

　　心理学家曾经组织三组人，让他们分别向10公里以外的三个村子进发。

　　第一组人既不知道村庄的名字，也不知道路程有多远，只告诉他们跟着向导走就行了。刚走出两三公里，就开始有人叫苦；走到一半的时候，有人几乎愤怒了，他们抱怨为什么要走这么远，何时才能走到头，有的人甚至坐在路边不愿前进，越往后走，他们的情绪也就越低落。

　　第二组人知道村庄的名字和路程，但路边没有路标，只能凭经验来估计行程的时间和距离。走到一半的时候，大多数人想知道已经走了多远，比较有经验的人说："大概走了一半的路程。"于是，大家又簇拥着继续向前走。当走到全程四分之三的时候，人们情绪开始低落，觉得疲惫不堪，而路程似乎还很长。此时有人说："快到了！"大家重新振作起来，从而加快了行进步伐。

　　第三组人不仅知道村庄的名字、路程，而且公路旁每一公里处就有一块路标，人们边走边看路标，每缩短一公里大家便有一小阵的欢乐，行进中他们用歌声和笑声来消除疲劳，情绪一直很高昂，所以很快就到达终点。

　　启示：科学合理的绩效目标能够很好地量化工作任务，并且能够给人积极的心理暗示，从而提高工作积极性和组织认同感，最终促进整体目标和个人目标的实现。

二、绩效目标的类型

绩效评估中员工从事不一样的工作，其绩效目标也不尽相同。尽管实际操作中

的绩效目标有很多种类型，但从宏观层面来说，绩效目标可分为以下几种不同的类别：

（一）短周期目标与长周期目标

根据完成绩效计划的时间长短可分为短周期绩效目标与长周期绩效目标。短期绩效目标一般不跨年度，可在短期内比如几周或者几个月之内完成绩效。长周期目标则需要的时间相对较长，一般来说以年为单位，有些可能更长达到几年之久，但是这种情况下绩效计划内容就相对更加灵活，可以分成几个关键阶段。短期绩效目标具有刚性，不太容易调整。

（二）组织目标与个体目标

绩效目标包含着不同层面的内容。绩效目标一般包含着集体的绩效目标，包括公司的、部门的、团队的。个体绩效目标往往落实到组织员工自身的职业发展上。在绩效管理系统中，组织的绩效目标一般都经过很多个层级的分解，并且个人目标与组织目标是相互依存，共同构成了绩效目标的整体。

（三）常规目标与创新目标

常规目标指将绩效维持在一个平常的范围以内，就是可以用常规的方法、日常的经营实现组织的发展。同时在可接受的范围内，又可以分为几个层次，如：极好、优秀、良好、合格、勉强可以接受但是需要改进的五个层次。创新目标则是组织未来达到特定的目标而设定的特殊绩效，其目的是为了激发更多的创造性思维，鼓励用新的方式去解决问题，这种目标留给绩效执行者的灵活性相对较大，对最后所能够实现的目标也没有准确的定义。

三、绩效目标制定的原则

（一）具体性

目标的设定不一定面面俱到，但是一定要突出组织最重要的目标，选择与组织价值关联度比较大的、与职位职责结合更加紧密的绩效指标和工作计划，而不一定要把整个流程完完整整地呈现出来。

（二）可衡量的

绩效目标如果太过于抽象就不好实施，因此建议用具体的数据进行绩效目标的设定。绩效目标具有可测量性，其衡量指标也必须尽可能地量化。清晰、可测量的绩效目标为员工设定了明白无误的工作方向和工作任务；而量化的绩效指标又能够准确地测量工作任务的完成情况。

（三）可完成性

绩效目标一定是通过部门或者员工的努力可以完成的，即是在部门或员工个人的掌控范围之内，也就是说要与员工的工作职责和权利相一致，如果是员工职责和权利控制范围之外，就难以实现绩效计划所要求的目标任务。

（四）一致性

绩效目标的一致性体现出目标从上到下的传递性。设定绩效计划的最终目的，是为了保证组织整体的发展与年度的发展目标，所以在评价内容的选择和指标值的确定上，围绕着组织的发展目标，自上而下逐层进行分解、设计和选择是十分必要的。

（五）时间限定

绩效目标需要明确一定的时间范围。如果对绩效目标的设计失去了时间限制，绩效目标的设定也就丧失了其本来所想要完成的目的，即完成收益。将员工需要完成的绩效目标设定一定的时间，可以有效激励员工在规定的时间达到目标。

四、绩效目标制定和实施中所存在的问题和困难

尽管绩效计划和目标设定具有很强的理论和实践价值，但这一过程也存在着一些问题需要我们去探索并解决，不仅包括在组织实践上产生的困难，也包含着在理论意义上的问题。

（一）不同层级目标存在互斥性

个人目标应该与部门和组织目标相互匹配，但是在实际情况下，组织目标的设定存在着一系列的困难，而不是在目标设定开始之初就具备理性和有序的方式方法来进行相应规划。同时如果存在着目标之间的冲突，即设定了高水平的目标，而内部各部分目标不协调，就可以使用平衡计分卡来解决。个人目标应该和高层目标相互匹配的想法也需要与高级管理层沟通，但并非所有组织，包括那些声称实施绩效管理的组织，都能有效地传达其目标声明。

（二）目标设定具有主观性

人们普遍认为目标本身就是客观的，不存在主观的可能性。但是，任何目标都是由人进行规划的，因此个人目标设定过程是非常主观的，在评估目标是否完成阶段也是同理。无论分析水平如何，从个人目标到组织目标的实现都具有人为设置的合理性。（例如，人们可能认为产品数量是汽车装配厂效率的客观指标，但是这些标准本质上也是人为设立的，是以人的衡量标准进行相应判断，因此，具体的产品数量是没有现实价值，许多主观判断都包含在本标准的制定中。）

（三）绩效目标是在动态环境中完成的

可衡量和实现的绩效目标只有在组织内外环境相对稳定的情况下才能进行。但是如果内外部环境存在着不稳定的条件下，目标制定时所确定的目标和绩效范围到了实施的环节可能就不适用了。这是绩效计划和绩效目标制定过程所不可避免存在的一些难题。

（四）绩效目标衡量标准难以衡量

组织在绩效目标制定中很可能只专注于容易进行评判的目标，并组织也很有可能都会集中于比较容易完成的目标。

绩效计划制定中的一个很大困难就是不能够制定具体的目标，客观和定量也存在着很大的问题。因此，使用衡量绩效目标的指标也在一定程度上存在着很大的问题，因为（对于整个工作的）绩效指标和雇员的关注方向被错误地引向绩效可衡量的部分，而忽视了绩效其他的对整体价值实现比较重要的方面，这会导致出现"目标欺骗"等问题。

第三节　绩效计划制定的方法与程序

就像上文所描述的，绩效计划是管理者与被管理者经过相互沟通调节实现的，通过沟通，管理者与被管理者对每项工作目标进行协商并取得双方都认可的结果。这一过程包括绩效计划的准备、绩效计划的沟通和绩效计划的审定与确认阶段。

一、绩效计划沟通的前置工作

(一) 准备必要的信息

我们知道,绩效计划通常是通过管理人员与员工双向持续协商得到的,一般通过绩效会议实现,因此为了使绩效计划会议取得想要达到的效果,会议之前就需要准备相对应的众多信息。

1. 组织信息

为了将员工的绩效计划与组织的目标相结合,组织负责人和员工尽可能在谈判绩效计划之前仔细衡量组织的目标,以确保双方在绩效计划会议之前都能够对组织目标进行深入的了解,其主要包括组织的发展战略规划。只有当组织成员充分了解组织的发展战略目标时,他们才能在自己的绩效计划中保持正确的方向,其才能在实践中把握正确方向。

2. 部门信息

部门目标依据宏观组织目标集体分解。部门需要准备的信息主要是关于了解部门计划和团队计划的推进工作。部门计划是根据组织年度计划所生成的,部门计划与绩效计划执行部门直接挂钩,因此与组织成员的绩效标准联系更契合。同时,越来越多的团队在组织的职能部门从事各种提升组织效益的活动,这使得较低一级的目标和责任更加清晰。

3. 个人信息

被考核人的个人信息主要涉及两个方面:职务描述中的相关信息和上一个绩效考核周期一系列的考核结果。工作描述中定义了这个工作对于员工的主要工作职责。在拟定绩效计划之前,应该审查工作的详细说明,重新思考该工作的定位,并根据更改的目标调整职务说明。上一个周期的整体绩效考核可作为一个新绩效计划设计的参考,并考虑如何进一步完成尚未实现的业绩指标,并体现在业绩管理的连续性。

(二) 沟通方式和环境的准备

1. 员工大会

员工大会是一种在整个组织之间的相对正式的沟通方式,其目的是为了对涉及组织发展的重大计划进行宣传,用来唤起所有组织成员的警惕和注意。除非涉及关乎组织的问题,员工大会一般不轻易举行。在绩效计划的最初推行阶段,有必要举行这样涉及全组织的动员会议,使所有员工认识到绩效计划与每个员工密切相关,

从而对绩效计划在整个绩效管理体系中的重要性有个清晰的认知。这样可以调动所有员工的积极性，使他们成为绩效计划的主体。

2. 小组会议

员工大会结束后，根据员工大会做出的总体指示，按照各个职能部门或团队召开小范围小组会议。与员工会议相比，小组会议具有参与者少，讨论较为集中的特点。小组会议不仅明晰了实现目标过程中的分工，并且对不同成员之间的协调与合作有提升的作用。通过讨论，组织成员可以提前发现工作中可能存在的问题。

3. 单独面谈

如果员工认为其个人绩效计划存在问题，那么员工可以与职能部门经理单独面谈，倾诉达成绩效目标的难度、完成绩效目标所需的组织协助以及所需的资源支撑。部门经理应努力去满足员工的关于实现目标的相关需求，并帮助员工制定并修改合理且有可操作性的绩效计划。同时如果部门经理认为某些员工的绩效合同有问题，重新开始绩效沟通也是一个选择，反正最终目标是使绩效计划更具可操作性。

二、绩效计划沟通的过程

（一）绩效计划沟通的原则

1. 平等沟通的原则

绩效委员会与部门负责人之间的交流应该是一种相对平等的关系，在高层领导的支持下，委员会不应在制定绩效目标的会议上将自身意愿强加给职能部门负责人。委员会应充分听取部门负责人的所思所想，共同制定通过各部门努力可以实现的绩效目标；这样的逻辑同样适用于部门负责人与员工。

2. 善于倾听的原则

在委员会与部门负责人的沟通过程中，由于部门负责人熟悉部门和职位，应更多地关注他们的意见，这有利于使绩效计划更加客观；在部门主管和员工之间的沟通中，应该承认员工是真正了解自己所从事工作的人，员工是其工作领域的专家。因此，在制定工作衡量标准时，应充分发挥员工的主动性，听取员工的意见。

3. 指导与协调的原则

委员会与部门负责人之间更多的是通过沟通协调各部门绩效指标之间的关系，从而使得整个组织内绩效计划相互平衡，并且如果部门负责人需要帮助，就需要为部门负责人提供必要的帮助；从另一层面讲，部门负责人对员工的影响还主要关系到如何将员工的个人工作目标与整个业务部门乃至整个组织的目标相互衔接，以及员工如何实现与其他工作成员的协调。

（二）绩效计划沟通的内容

1. 对有关信息的回顾与交流

在沟通绩效计划时，通常需要就需要沟通的信息进行审查。在讨论具体工作职责之前，管理人员和员工应对组织有很强的了解，包括组织的战略发展计划、年度业务工作目标、职能部门的工作计划、员工关于的工作描述和上一个绩效期间的部门和员工的评估结果。

2. 确定个人绩效目标

在简单地回顾相关的资料后，需要尽可能快的明确绩效目标。目标是组织对部门与员工创造或实现的具体价值的描述。在进行目标设定时，管理者和员工应该更加的将注意力投入到结果上而不是过程中，同时一定要使得每个目标都具体，将每个目标与实际的工作以及结果联系起来，并且明确规定目标实现的时间限制和资源使用的限制，并使每个目标简短、清晰、直接。

3. 制定衡量的标准

绩效标准是判断员工是否成功实现目标的标准。绩效标准应该具体、客观、易于衡量，在制定绩效标准时，我们会发现，如果绩效计划的目标设定得更具体，绩效标准将更接近目标。然而，我们不应该事无巨细的去确定目标，如果我们不了解具体工作时，保持目标灵活是一个合理的选项，然后按照目标指导的方向工作。随着理解的加深，目标会得到细化。

4. 讨论可能遇到的困难并提供帮助

当管理者和员工制定绩效标准之后，还需要了解员工完成计划和达成目标可能会遇到的困难，并尽可能预防计划执行过程中可能出现的各种问题，而不是等到各种问题相继涌现后才重视起来。

5. 讨论重要性级别和授权问题

绩效计划必须分别清晰不同目标级别的相对重要性。当就计划目标的重要和次要问题需要达成一致时，员工就可以根据情况独立进行操作，而无须因为向上级要求而错失问题。设置重要性级别的过程相对简单，但必须注意的是，经理和员工应共同参与，以便他们能够理解并确保重要性级别能够正确反映组织的发展需求。员工需要知道什么时候可以做出自己的决定，什么时候必须向上级请示，对于每个绩效目标，有必要明确讨论员工拥有的决策权。

专栏 3-3

有个同学举手问老师："老师，我的目标是想在一年内赚 100 万！请问我应该如何计划我的目标呢？"

老师便问他:"你相不相信你能达成?"他说:"我相信!"老师又问:"那你知不知到要通过哪些行业来达成?"他说:"我现在从事保险行业。"老师接着又问他:"你认为保险业能不能帮你达成这个目标?"他说:"只要我努力,就一定能达成。"

"我们来看看,你要为自己的目标做出多大的努力,根据我们的提成比例,100万的佣金大概要做 300 万的业绩。一年 300 万业绩。一个月就要有 25 万的业绩。每一天要有 8300 元的业绩。"老师说。"每一天 8300 元的业绩,大概要拜访多少客户?"老师接着问他。"大概要 50 个人","那么一天要 50 人,一个月要 1500 人;一年呢?就需要拜访 18000 个客户"。

这时老师又问他:"请问你现在有没有 18000 个 A 类客户?"他说没有。"如果没有的话,就要靠陌生拜访。你平均一个人要谈上多长时间呢?"他说:"至少 20 分钟。"老师说:"每个人要谈 20 分钟,一天要谈 50 个人,也就是说你每天要花 16 个多小时在与客户交谈上,还不算路途时间。请问你能不能做到?"他说:"不能。老师,我懂了。这个目标不是凭空想象的,是需要凭着一个能达成的计划而定的。"

启示:绩效目标不是孤立存在的,目标与计划是相辅相成的,目标指导计划,计划的有效性影响着目标的达成。所以在执行目标的时候,要考虑清楚自己的行动计划,怎么做才能更有效地完成目标,是每个人都要想清楚的问题,否则,目标定的越高,达成的效果越差。

三、绩效计划的审定和确认阶段

审定和确认阶段是制定绩效计划的最后环节,需要对经过沟通而确定的计划内容进行系统的审定,形成一个经双方协商讨论的绩效计划书并由双方认可签字。在绩效计划过程结束时,管理者和员工应该看到以下结果。

(1)员工的工作目标与组织的总体目标密切相关,部门负责人与绩效执行者清楚地知道不同层级工作目标和组织的整体目标之间的关系。

(2)部门主管和员工对主要工作任务及其重要程度、完成任务的标准、员工在完成任务过程中所获得的权限都已经达成了共识。部门主管和员工都十分清楚在完成工作目标的过程中可能遇到的困难和障碍,并且明确部门主管所能够提供的支援。

(3)形成了一个经过双方协商讨论的契约,该契约中包括员工的工作目标,实现工作任务的主要工作成果，衡量工作结果的标准，各项工作目标所占的重要程度，以及完成目标的时间期限，并且部门主管和员工双方都需要在该契约上签字，使之生效。

课后思考

1. 什么是绩效计划？绩效计划在绩效管理过程中发挥什么作用？
2. 为什么在绩效计划过程中，必须重视员工的参与和承诺？
3. 如何进行绩效计划问题？
4. 制定绩效目标应遵循什么原则？
5. 绩效计划沟通过程中应注意哪些问题？
6. 如果你从事公司人力资源管理工作，请你制定一份本公司（部门）某一岗位的绩效计划。

案例分析题

让员工直接参与，是解决问题的最好方法

卡洛斯·戈恩以先后在巴西、美国、法国及日本大刀阔斧拯救过四家公司而闻名于世。这位全球十大管理奇才中的"鹰眼总裁"，名震天下的制造业"成本杀手"，最辉煌的一次业绩莫过于1999年入主日产汽车，用了不到4年的时间令其重振雄风。

1999年，戈恩被推荐为日产汽车的总裁。在此之前，他曾经在米其林轮胎公司和雷诺汽车公司任职，是一名声名远扬的"成本杀手"。

当雷诺与日产正式确立合作关系后，作为雷诺总裁的戈恩被认定为复兴日产的最佳人选。

当戈恩来到日产时，已经连续亏损7年的日产已经深陷危机，被比喻成"一艘已经着火的破船"，几近濒临破产的境地。

戈恩相信：解决困难的第一步，就是真正了解公司的困难"是什么"。

结果他发现导致日产困境三要有5大原因：缺乏清晰的利润导向；不关注客户需求，却过分热衷于追赶竞争对手；公司内缺少跨职能、跨界限、跨越层级的合作；缺少紧迫感；缺乏共同愿景或共同的长期计划。

于是，戈恩做出了两项决策：（1）所有日产人都必须为公司的复兴做出贡献；（2）将日产重新塑造为一家高效能的汽车设计、生产与销售公司。

前一个决策是他给日产人提出的要求，后一个决策则是他为日产制定的战略目标。

随后，戈恩带领日产背水一战，关闭了多家工厂（这在以往是日本公司难以接受的)、出售了所有非主业资产、压缩采购成本(日本的钢铁业因戈恩的到来也发生了一些变化)等等。

1999年7月,在戈恩的率领下,日产成立了9个跨职能小组,分别负责业务拓展、采购、物流、研发、市场、财务等不同项目,他们拥有共同的目标:发展事业、提高效率和削减成本。这9个团队的负责人直接参与了戈恩复兴日产的计划。

当然,戈恩很清楚:"制定计划只是完成了我们任务的5%,剩余的95%在于计划的执行。"为此,戈恩采取的措施有:明确重点及责任制,实施严格监控,进行量化考核,所有报告必须建立在事实和数据基础上,并且每个关键目标都具有指标数据。

另外,建立灵活的激励机制,以贡献大小为依据进行晋升和奖励。

当然,在实行计划中,不时会遇到一些摩擦和争论。但戈恩认为这是很正常的,而且对于激励全体员工参与拯救企业很有好处。"从某种程度上来讲,争论是健康和良好的。其实我还是经常地鼓励我的下属们进行争论。每个人都有各自的想法、看事物的不同角度。最好的方案往往是从争论中得出来的。最基本的一条方针是'不偏离方向',方向是不容争议的"。

与此同时,戈恩在上任后找过几千人谈话。"我希望听取每一位职员对日产复兴的建议。我知道日产复兴计划让许多人感到头疼,这是一种伴随着牺牲的疼痛。但是为日产的再生,我们别无选择。"戈恩回忆说。

后来,卡洛斯·戈恩指出:"这不是我从公司外部找到的解决方案。要知道,让员工直接参与是解决问题的最好办法。"

实施第一年,日产就取得了有史以来最好的财务业绩,盈利27亿美元。

随后,2001财年日产创下480亿美元的销售记录,盈利29亿美元。戈恩由此赢得了日产公司,甚至全日本、全球汽车业的尊重,被称为亚洲商业史上最富戏剧性的事件。

分析与讨论:

1. 绩效计划是什么?戈恩在日产的改革中做对了什么?
2. 员工参与在日产的改革中起到了什么作用?

第四章 绩效实施与控制

本章导读

绩效计划的制定需要被施行后才能发挥其最大的作用,从整个绩效计划的执行流程来看,包括对绩效计划等的实施,由于绩效计划的制定是依据当时的整个环境所收集到的信息,进而对未来进行的一种估计,但随着环境的不断变化,当时所制定的环境可能不再适应。因此绩效计划必须随着环境的变化而开始改变,通过管理者和员工的相互沟通,解决在这一过程中所出现的问题进行解决,以确保绩效计划的有序执行。

员工和管理者在绩效执行过程中不能仅仅只注重对于绩效目标的实现,由于绩效目标与员工个人的利益息息相关,所以还必须将这一过程的绩效信息进行充分收集。这些信息在绩效管理的整个流程完成之后,不仅有利于组织对其进行研究并总结经验,还有利于发现整个绩效活动在计划、执行等过程中存在哪些问题或者是有哪些优点值得总结和推广。而且绩效信息的充分收集还可以为最后的考核结果提供支持,为组织对员工进行奖惩提供相关依据,保证整个结果的公平性和合理性,使得员工提升对组织的整体的信任度。

本章目标

通过对本章的学习,了解如何在整个绩效实施的过程中信息收集的方法,如何进行有效的沟通方式方法和注意事项,掌握绩效实施的概念、特征、绩效信息收集原则,熟悉绩效实施的必要性、绩效信息的分类、员工在绩效执行过程中的信息收集和常用的信息收集方式。

关键概念

绩效实施　　　　　　The implementation of performance
持续的绩效沟通　　　Continuous performance communication

非正式沟通	Informal communication
正式沟通	Formal communication
信息的收集	Collection of information

一个企业只有计划并不能获得成功；还需要有行动；企业还必须要经营。

——［美］戈茨

第一节　绩效实施与控制的概念

绩效管理从制定绩效计划开始，经过绩效实施和控制的过程，然后进行绩效评估，最后是绩效反馈面谈以及应用。在这个过程当中，绩效计划、绩效评估和绩效反馈都可以在较短的时间内完成，而耗时最长的是中间的绩效实施与控制，因为它贯穿着整个绩效计划执行期间，绩效计划是否能够落实和完成依赖于绩效实施与控制，最后的绩效评估依据也来自在绩效实施与控制的过程中的各项信息收集，所以绩效实施与控制是必不可少的一个流程，这个过程做得怎么样直接影响着绩效管理的成败。

绩效实施与控制指员工根据已经制订好的绩效计划开展工作，管理者在这一过程中对员工的工作进行指导和监督，对发现的问题及时协助解决，并根据实际工作进展情况对绩效计划进行适当调整的过程。这就要求在绩效实施的过程中，不仅员工要积极行动，连管理者也需要参与其中。所以管理者并不是只负责分配任务，他们也有大量的工作需要做，至少为了在绩效计划执行后的评估时能够拿出相应的绩效信息作为依据。如果管理者在绩效实施的过程中不做绩效信息的记录，会导致在绩效评估时对工作表现无法做出准确的描述，从而引起员工的不满；而且在与员工进行沟通时，没有足够的事实依据在手中，容易引起争议，影响团队氛围。

一、绩效实施的特征

（一）绩效实施的过程是动态的

管理者分配绩效计划后，员工根据已制定好的绩效计划开始开展工作，由于绩效计划在实施之前就已经制订，随着时间的不断发展，环境的不断变化，依照原有计划的实施过程中会遇到社会环境、技术环境、文化环境等方面的变化，而使得原有的计划难以适应新的发展环境，这就需要员工在现有条件下及时做出改变，收集影响自身环境变化的各个因素，对现有计划做出重新评估。如果发现现有计划已经无法适应环境，应及时做出相应调整，使得绩效计划及时更新满足现有的发展环境，所以说绩效实施后并不是一成不变的，而应该随着环境变化而不断地发展变化。

（二）绩效实施的结果是绩效评估的依据

由于环境的变化使得原有绩效计划不再适应新的环境，这种改变将直接影响到绩效评估的结果。由于绩效实施的过程发生改变，这就要求以往的绩效评估也要发生改变，在依据原有绩效计划和绩效结果的基础上，对现有绩效的结果的有关情况进行相关评估，看是否达到原有的绩效计划目标，或者整个的计划执行情况离现有的结果之间的差距是多少，总结在此次绩效过程中的优点和不足，为下一次绩效计划的制订和执行提供更多的经验和总结。

（三）绩效实施和控制的必要性

1. 对绩效计划进行及时调整以确保目标达成

绩效实施和控制会依据之前制订的绩效计划执行，但是先前对于整个绩效计划的制订是建立在当时的环境背景下，过去计划只是对未来的一种预测。环境的动态变化使得之前制定的绩效计划难以满足，这就需要员工在绩效计划的执行过程中，不断收集环境变化的最新信息，在与领导的沟通与指导下，解决在绩效计划执行过程的重点与难点问题，不断调整现有计划的流程，在保证达成原有的目标情况下或者是接近达成原目标的情况下，继续推动计划的执行，并维持计划的发展方向，最终达成目标。

2. 绩效实施和控制是绩效管理的重要组成部分

绩效管理是复杂的，整个过程由绩效计划的制订、实施、控制等多个环节构成，而其中绩效实施和控制是绩效管理的重要环节，或者是放在绩效管理的核心位置，正是由于绩效实施和控制的开始，才会发现在整个绩效管理过程中存在的弊端和优势。由于绩效实施需要承接前面的绩效计划制定，又要为接下来的绩效评估提供重要的依据，确保了管理者最开始制定的绩效目标最终或者基本实现，能够最大程度上适应环境的动态性变化，使得员工和管理者能够在计划的执行过程进行干预。在绩效实施和控制的过程中应该要坚持沟通，下属在实施过程中遇到了什么问题，可以及时给管理者进行相关的反映，并及时对整个绩效管理进行及时的调整。

（四）绩效的实施步骤

绩效管理的实施和控制可以分为以下六个阶段。

1. 根据组织确定的总目标，然后通过分解确定部门及个人工作目标

制定目标的主体：管理者、员工。主要依据：参照组织的长期计划和短期计划，参考员工的个人能力，确定员工工作目标。在设立绩效目标时着重贯彻三个原则。首先，目标统一原则，个人目标和科室目标应该与组织目标相统一，而不能各自为政；其次，SMART 原则，即目标要是具体、可衡量、可达到、具有相关性、基于时间五项标准；最后，权责对等，上下级共同制定目标，并确定执行过程中的个人责任。在组织中，所有人都需要依据自己的计划完成的相对应的目标，通过层层叠加，最终实现组织目标。

2. 根据工作实践明确绩效考核标准

一项工作往往可以分解成众多步骤，但考核不可能针对每一个工作活动内容来，因为这样浪费考核者的时间和精力。所以在正式的考核之前，首先要确定员工在工作中的重点和难点。在这些的基础上确定评价指标和绩效考核的标准。工作要点是指出在工作中该做的主要任务，它包括两类：一类是虽然耗时少，但在整项工作中占非常重要的位置的任务；另一类则是耗时多，但相较于前面的而言重要程度不高的任务。总之，我们应首选出少量具有该工作特征的任务，同时又能涵盖到大部分责任。一般地说，应该以员工能够完成的程度作为工作标准，过高和过低都难以实现最终目标。对于组织来说，绩效考核的难点和重点是指标和标准的选取，因为它们与组织成员之间息息相关。在绩效管理的实施过程中应当让管理人员认识到以下几点。

（1）对事不对人。考核标准应是依据工作本身建立的，而不是依据员工设定的，因此通常通过工作分析将工作要求转化为工作考核标准。

（2）适当超越员工能力。考核标准应该在员工力所能及范围内，但又比自身水平高一些，更具有挑战性，使得员工能够在工作中实现成长。

（3）下属必须在考核前清楚考核标准。考核标准应该经过管理者和员工共同讨论而制定下来，只有通过共同协商，才能够最大限度地调动双方的工作积极性。

（4）考核标准应具体化，衡量的结果应具有稳定性，不随人员变动而发生改变。

（5）考核标准要有时间限制，时间到后应该及时公布新的标准以适应环境变化，并且要及时废除原有的标准。

（6）考核标准要记录在案，进入人力资源信息管理系统，用来作为以后员工奖惩的依据。

3. 根据考核结果实施绩效面谈

管理者有责任和义务向下属员工反馈绩效考核实施信息，及时而准确的信息反馈对成功的绩效管理和员工的职业发展意义重大。对下属的工作提出建议和相关指

导,来确保员工的工作不偏离既定的绩效目标。如果管理者不愿意告知相关绩效情况,往往涉及以下几方面原因。

(1) 管理者认为自己的绩效考核标准有误。

(2) 管理者在对下属进行绩效考核时,缺乏平时有关员工的详细的业绩表现记录,往往在判定等级时,更多倾向主观方面。

(3) 当下属的绩效考核等级不理想时,担心组织内部爆发矛盾,而选择忽视。

(4) 管理者责任意识淡薄。

然而,作为称职的管理者,不应回避矛盾,需要通过正式的面谈方式将员工的绩效考核结果反馈给他,使员工真正了解自己哪些地方表现得很出色,哪些地方需要在今后工作中加以改进,以及如何改进等。为此,作为管理者,应该积极准备与下属员工开展绩效考核面谈。

4. 根据绩效面谈制定绩效改进计划

在绩效面谈中交流员工在工作中存在的优点和缺点,诊断原因后,双方就需要对今后应采取的措施达成共识,讨论进一步提高绩效的方法。通常在什么情况下需要制定改进绩效的计划呢？一般来说,当员工的工作绩效未达到最低的期望,或其工作绩效明显下降时,应格外重视绩效改进计划。

5. 根据绩效改进计划进行绩效改进指导

改进绩效计划后,最重要的是要确保新制定的绩效计划落到实处,所以管理者必须时刻追踪计划的实施状况。员工如果再次遇到类似的障碍,管理者也要和员工一起对计划做出调整。另外,作为管理者,应该重视在日常工作中对下属的培训,特别是绩效实施中常见的问题。主动与下属讨论工作,通过积极运用正式或者非正式的沟通的途径进行忠告和指导。管理者要时刻牢记:下属的工作绩效就是自己的绩效,下属的失误就是自己的失误,如果不能有效地指导下属改进工作,就是管理者的失职。

专栏 4-1

20 世纪 80 年代,日本有一个著名的马拉松运动员叫山田本一。他很瘦弱,身体素质也不怎么好,耐力也不怎么强。但是每次跑马拉松,他的成绩总是出类拔萃,甚至经常夺得冠军。他的经历获得人们的追捧并希望能得到他成功的秘诀。

他在最后一次比赛结束后写了本个人自传,在自传中公布了他的秘诀。这个秘诀就是比赛前,他和教练乘车走一遍线路,收集路程信息,商讨路段的跑法,然后在纸上画上沿路的一些标志,要求在规定的时间内完成。比赛时就把这些标志作为一个又一个目标,有目标就是有动力这样就

能很轻松地跑完全程，通过多次马拉松比赛的实践，每一次比赛都会不断反思，并在下一次比赛中去提升自己，从而能实现多次的夺冠。

启示：这个故事告诉我们，有了明确的目标之后就需要付诸实践，并将其分解成小块目标，不断提升自己，最终达成整体目标。在整个的绩效实施与控制过程中，管理者与员工将组织整体目标分解成员工个人目标，收集可能出现的信息，解决其中遇到的问题，并逐步将员工的目标调高一点，不断提升员工的绩效能力。

第二节　持续的绩效沟通

持续的绩效沟通是管理者和下属相互交流信息的过程，这个过程是在员工工作中遇到的重点和难点部分，需要在管理者的帮助和指导下开展。

一、持续的绩效沟通的原则

（一）责任与能力相匹配原则

管理者和员工的沟通应该坚持责任与能力相匹配的原则，管理者要求员工实施某项绩效计划时，应该先看到员工自身所具有的能力和缺陷，让员工愿意对自己所做的行为负责，让员工在自己的工作中积极作为，充分发挥自己的责任和能力，而在这期间管理者也应当做好自己的责任，引导员工在绩效计划实施过程中展现才能。

（二）交流合作原则

计划实施的动态性要求员工与管理者加强合作，对于收集到的信息进行充分思考，通过合作共同推进绩效计划的实行，而在这一过程中要求管理者不能用自己的权力去命令员工如何执行绩效计划，而是要求以一种平等的身份去与员工进行交流与合作，充分发挥二者解决问题的能力，在轻松愉快的环境中去推动绩效计划的向前发展。

（三）问题的具体性

管理者与下属进行沟通时应该尽量聚焦绩效实施和控制过程中的各项问题，既要看到员工前面为绩效实施过程所做的贡献，同时还要注意员工为解决难题所做出的努力。不要将所有问题归结于员工本人，要回归到对事情的处理方面来，积极与员工探讨对问题的解决方案，以保障绩效计划的顺利实施。

二、持续沟通的方式

（一）正式的绩效沟通方式

正式的绩效沟通方式是指组织中依据规章制度明文规定的方式和渠道进行的沟通，整体的环境应该严肃，不应过分轻松，使其丧失了正式性、严肃性。在日常生活种常见的绩效沟通方式包括书面报告、定期交流等。

在绩效管理中，书面报告是比较常见的一种正式沟通方式。从形式上看，它可以是纯文字性的书面报告，也可以是经特定设计的结构化表格，还可以是文字、图形与表格的混合体；从内容上看，书面报告可以是员工向主管人员报告工作的进展情况，也可以是个人向组织、下级向上级反映问题、请求支援、请示解决方案等；从时间上看，书面报告可以是不定期的，也可以是定期的。前者如：临时性的请示报告等；后者如工作日志、周报、月报、季报、年报等。

但是绩效面谈也有自身的缺点，为了克服面谈沟通的缺点，发挥其在绩效管理中应有的作用，管理者应该向员工阐明组织的战略、目标和未来的发展方向，同时指出员工个人工作在组织生存与发展中的重要意义，引导组织和个人利益相一致。经理与员工面谈的成功与否，不仅取决于员工自身的能力和性格，而且还受到经理的人际关系与沟通技能。其中，人际方面的要求意味着经理要同员工建立一种建设性的、足够和睦的良好关系，以便坦诚地交流从而有效解决问题。

（二）非正式沟通

与正式沟通不同，非正式管理更多出现在管理者与下属的工作之余，并没有固定的交流形式和实践地点的限制，而且在整个沟通的过程中，也没有正式沟通所具有的严肃氛围，管理者与下属的沟通可以更加的轻松愉快。并且随着数字化时代的到来，使得非正式的沟通进一步便捷，创造了更多的交流机会，如微信，虽然非正式沟通自身所具有众多优点，但仍然不能取代正式沟通的地位。

常用的非正式沟通形式有以下几点。

1. 非正式汇报

日常工作中，非正式汇报整体氛围轻松而且没有繁杂程序限制，参与汇报的多是常见的部门管理者，这使得管理者能够获得与员工交流的机会，拉近员工与管理者的距离，员工也更容易汇报自己的工作进展以及在工作中存在的疑惑，相比较正式的会议而言，组织的管理者能够获取更多在正式场合无法获得的组织发展和员工自身状况的信息。随着非正式会议形式逐渐多样，现阶段如公司年会、组织团建等，也逐渐成为非正式会议的场景。

2. 开放式的工作环境

为了减少闭门办公所带来的阻隔感，及时获取来自员工第一线的重要信息，管理者在日常的办公中应该置身员工的工作环境，鼓励员工积极主动地反映问题。为了鼓励办公室的管理者能够走出去与员工多交流，部分企业将管理者的工作地点设置在员工的办公区，以求能缩小员工与管理者的心理距离。通过这种方式能够获取更多与员工交流沟通的机会。

3. 漫游式管理

漫游式管理指组织管理者能够在工作期间，采取四处走动的方式，观察员工的工作情况，及时发现并解决其遇到问题，不仅是对于优秀员工的优秀行为能及时回应，并采取激励措施，而且对于新员工来说，可以更快地帮助适应组织环境，感受组织文化氛围，进而提升对组织的认同感。这种工作方式在工作中更容易获得员工的认同，但对管理者有较高的要求，需要有较高的宽容度，不然会产生截然不同的效果。

4. 工作之余的沟通

除了在正式工作期间进行相应的交流来获取信息，在工作之余管理者可以利用各种各样的休息时间与员工进行简单的沟通和交流，如选择堂食。通过主动与员工坐在一起，进行面对面的交流，减少心理距离，或者为员工点下午茶，休息放松时进行沟通，等等。这些方式虽然无法直接提升员工的工作能力，但可以进一步构建良好的团队工作氛围，维护良好的人际关系，使管理者和员工团结一致，为实现组织和个人目标而共同奋斗。随着年轻一代进入职场，传统的沟通方式已经难以满足他们对于工作环境的要求，而且其工作的需求也发生了改变，强制性的方式可能会起到反作用，尝试融入和了解他们才会使绩效管理更有效果。上述的非正式沟通中，管理者应根据自身的个性特点，采取合适的方法，有时将多种方法加以组合效果更好。

专栏 4—1

《红楼梦》的荣国府里住着一位贾政贾老爷，他就是这样一位随时端着长辈架子，总是冷若冰霜的道学先生。他的子弟见着他，就像老鼠见了猫儿，嗫嗫嚅嚅，说不上一句整话，唯恐找不到一个地缝钻下去；一离开他就如脱缰的马一般，唯恐离之不远。所以，他根本不知道自己的儿子贾宝玉、贾环在想什么，也不明白自己的女儿贾探春在想些什么。

启示：由于管理者自身的权威使得员工在工作上难以与管理者进行充分交流，并且由于见面时的环境影响，进一步加剧了双方沟通的难度。所以管理者要想了解员工的发展状况，就需要对员工尽量地亲和一些，提升非正式沟通的能力。

三、绩效沟通的艺术性

绩效沟通能够充分发挥作用，不仅需要适当的时间和地点，还需要管理者在沟通时具备良好的沟通技巧，在沟通时不仅要达到帮助员工的目的，还要最终提升员工的工作绩效。从日常实践来看，主要包括：明确绩效沟通的目的与意义、恰当的沟通风格、掌握谈话的技巧、善于运用身体语言、注意倾听，关注反应和辨别信息等方面。

在绩效沟通过程中首先要明确为什么需要沟通，只有确定好沟通的目标，才能够及时地发现现实与目标之间的差距，发现工作中的问题，并且在日常的工作中对员工进行相关的指导，注意倾听员工出现的各类问题以及原因，对不同的员工可以采取不同的方式。

第三节　绩效信息收集

信息收集就是得到有关改善组织或个人绩效信息的过程。随着数字化时代的到来，信息收集已经成为工作中的日常行为，信息收集的过程也变得更加简洁和方便。工作中管理者如果能够充分把握和运用这些信息，并运用到制订具体的绩效计划和实施绩效管理方案的过程中，将能够提升绩效计划制订的效率和质量。绩效信息的收集可以来自日常的工作例会、工作报表，甚至是员工的日常工作行为，等等，这些绩效信息都可以帮助改进绩效计划，提高绩效计划的实施成果。

一、绩效信息的分类

信息的收集来源可以划分为组织和个人，这些信息均可以在合适的手段下运用于绩效管理的各个方面，以帮助改进绩效计划。

(一) 组织信息

1. 长期计划

长期计划是公司和各主要部门为了实现组织长期持续发展，并且为完成组织制定的愿景、价值观而制定的规划等文件。具体来看制定组织长期发展的文件的参考来自多个方面的信息收集，包括组织发展的外部环境，涉及经济发展状况、人口状况、技术或者法律等方面，而内部环境则是组织文化等，公司依据这些信息，制定合适的组织发展战略目标，为绩效管理开展提供依据。

2. 短期计划

对于组织而言，短期的计划往往时间较短，但至少是一年，而且更加详细和具体，可操作性也更强，能够在确定的时间中应达到目标。短期计划的划分也涉及多个层级，在对公司短期计划进行划分时，要合理分摊到组织科层的各个目标中去。最终各个科层目标的执行结果将成为整个公司的完成结果。

(二) 员工信息

公司制定目标后通过分解最终传递到个人，个人层面的目标完成情况将直接影响组织最终的目标情况，所以员工的有关信息将在组织的绩效管理中扮演着重要地位。

类型：(1) 工作过程的信息。这些信息强调员工工作过程中的哪些行为影响目标最终实现，对于网络技术人员而言，代码的量和质是可以在实践中直接观测出来的，这些行为便于直接观测，而实际中并不是所有的行为都可以直接观测，但只要采取合适的观测方法，那么就可以及时获得绩效管理的有关信息，提高管理的效率。(2) 工作结果的信息。这些信息反映了员工已经做了什么或完成了什么。组织在考核过程中设置合适的考评方式，那么将结果作为考评的方式是有效的，能够以直观的方式获得奖励。

另外，个人层面的信息还包括工作岗位描述、员工当年的绩效指标和工作计划、员工平时的绩效考核记录、绩效沟通与反馈的记录、员工上一年的绩效考核等信息。这些信息的合理运用对于组织目标合理分解，实现组织目标，加强组织和个人之间的联系是十分必要的。其中工作描述是指对组织基于现实发展需要，对所招募的岗位权责、目标等的描述，不仅可以作为招聘新员工的基础，而且这些信息对于绩效设置、绩效考核工具的选择都有直接的影响。

二、绩效信息收集的意义

（一）绩效信息是绩效管理工作开始的基础

绩效管理的实施需要足够的信息来进行支撑，其贯穿于绩效管理的各个方面，而且随着绩效管理的运行，又会产生各种各样的信息。绩效信息的收集与管理是绩效管理实施开始的基础和方向指引，它将有助于管理者和员工清楚地掌握工作的进展情况，以及员工工作的各项行为，有助于管理者发现其中的亮点与不足。由于信息收集工作在绩效管理整个过程中具有关键的地位，所以这要求管理者和员工积极收集在实现组织目标中可能出现的各类信息，并且能够衡量各个信息的重要性。从这种意义上来讲，绩效管理过程就是一种信息收集、传送、沟通和反馈的过程，没有足够的绩效信息支持，绩效管理实施的有效性和真实性将大打折扣。

（二）绩效信息改进管理效率

绩效信息的收集情况、过程等是管理效率的直接反映，收集管理信息不仅对于组织发展有重要作用，对于员工而言也十分重要，能够让他们进一步了解到工作的重要性，将自己利益实现与组织目标相结合。对于管理者而言，能够及时获取到员工的工作状况，确保员工目标与组织目标发展方向一致，发现不同，及时调整，以避免损失的扩大。通过员工和管理者进行绩效信息的收集，将能够推动双方在进行绩效沟通时变得更加畅通，而不用通过回忆来对于以往的情况进行判断，节约时间的同时，提高管理的效率。

（三）决策是绩效信息汇总的结果

当组织要开展某一项重要决策时，一定离不开对于相关信息的及时掌握，充分的信息才能支撑起决策的可信度。

首先，绩效考核工作需要依据绩效信息。员工在执行过程中的所产生的各项信息，是否依照组织的规章制度、在执行过程中发现哪些有助于提升组织绩效的信息等都可以作为对于员工的考核依据，并且将其所做贡献记录下来，以作为后期提升员工待遇的重要参考。

其次，良好的绩效信息可以提升原有绩效计划的质量。在实际中，我们要开始绩效管理是为了提升员工的工作能力，对员工在工作中所遇到的问题进行总结和梳理，防止此类问题在后续的发展中再一次出现，让后来的员工遇到同样的问题时能够从合适的角度进行解决，从而提升员工的工作效率。最后，绩效信息会成为员工考核结果的依据。当绩效管理结束时，需要对员工进行一定的奖励或者惩处，为了奖惩合适就需要依靠员工在实现绩效计划的过程中所完成的情况进行分析，而其中的绩效信息就是最有利的证明员工是否按质按量地完成有关目标的重要依据。如果没有绩效信息作为依据，那么很容易对于员工的考评陷入失衡，无法说服员工并得到相应的支持和理解。

（四）绩效信息是解决各种纠纷的依据

绩效信息在收集过程中应该要尽量全面，特别是员工对于实现组织目标的有关信息，以及与管理者进行沟通的情况，不仅可以让受到处分的员工信服，而且还可以防止未来出现劳动纠纷或者劳动仲裁以维护企业利益。企业和员工在绩效计划实施的过程中尽量收集绩效信息，不仅可以保护员工，而且也可以保护企业。如果没有足够的信息收集作为依据，那么管理者在出现纠纷时会陷入两难境地，对于员工所出现的问题，没有足够的依据进行解释，甚至是员工在工作中出现的问题也难以解决。所以从另一个角度来说，作为一名合格的管理者应该要具备优良的信息收集能力。

三、绩效信息的收集方法

绩效管理实施是一件复杂而系统的工作，需要长期跟踪收集有关信息资料，并对数据做必要的加工归类，收集绩效信息资料的方法主要有以下几种。

（一）考勤记录法

考勤记录法是收集信息最常用的方法，主要记录员工的出勤情况，如出勤、缺勤及其原因，成为员工全勤的重要考量，现阶段的技术发展为不同工作属性的员工提供合适的考勤方法，如钉钉、指纹打卡机。

（二）生产计量法

生产计量法在生产服务性组织中常用，主要记录如产品数量、消耗原材料数目、服务的数量和质量等生产服务情况。

（三）不定期随机抽检法

由于生产的数目庞大，无法实现全部的检查，所以通过随机的抽查方式进行检查，检查相应的质量和数量，并由专人记录抽查情况。

（四）项目评价法

这种方法采用问卷调查或者面对面访谈的形式，往往由多个部门或领导参与，对项目的执行过程和结果进行评价。

总之，在数据收集和记录过程中，管理者除了在平时要注意跟踪员工计划进展外，还应当注意让相关人员提供数据，进行保存，确保员工的执行过程无误。此外，主管必须清楚数据记录和收集是以绩效考核和改进为核心的，而不是重点放置在一些无关紧要的化解上，拖累整个项目的进度和员工的积极性。

四、绩效信息收集的原则

所有绩效信息必须在统计系统中体现出来，组织的绩效信息系统必须按绩效指标的要求及时、准确完整将有关数据统计出来，并提供给有关部门及管理者进行参考，以保证绩效信息能够合理地使用。此外为了确保绩效信息的准确性和完整性，绩效信息的收集与整理必须落实责任部门和具体责任人，而不能将没有来源的消息运用于绩效管理过程中。这对于收集绩效信息提出了以下原则。

（一）明确收集信息的目的

绩效信息的收集应是有目的，而不是为了收集而去收集信息，这样会收集很多无关信息进入到管理者的视野中去，增大管理者的负担，所以在信息收集的开始一定要弄清楚为什么要收集这些信息，哪些信息会在绩效管理中扮演重要作用要做出预判。如果收集来的信息最后发现并没有什么用途而被置之不理，那么这将是对组织的人力、物力和时间的一大浪费，不利于提高组织管理效率。

（二）让员工参与收集信息

作为组织的管理者，自身也有需要完成的绩效目标，在工作的同时，无法观察到每一个员工的工作行为，只能在一定的时间段中观察到员工的某一具体行为。这就要求其他绩效参与者参加信息收集。所以在实践中就要求员工也参与绩效信息的收集。相较于管理者来收集，员工自己记录的绩效信息比较全面，更加注意到执行过程中的闪光点和不足，在后期的绩效考核时，主管能够拿着员工自己收集的绩效信息与他们进行沟通，他们也更容易接受这些事实。为了防止员工在工作中出现选择性地记录或收集的情况，夸大困难以及扩大突出点的现象也应该被管理者所留意。所以，当主管要求员工收集工作信息时，需要明确地告诉他们收集哪些信息，并且将一些关键性信息进行标记，以方便后期进行详细解释。另外，管理者可以通过制作行为表格的形式来收集信息,因为这将有助于员工将选择性收集信息的程度降到最低,但会使得部分员工忽略某些信息,不利于对整个绩效执行计划进行总结。所以信息收集是组织管理者与员工都需要完成的目标,并不是单一的责任,共同负责才能够确保所有信息的准确性。

(三)随机抽样法

为了提高员工记录信息的准确性,采用抽样的方式也是可以收集到许多重要的信息,这不仅可以检查员工的绩效行为,而且还可以迫使员工对于其他信息的收集也要达到一定标准。随机抽样值就是从一个员工全部的工作行为中抽取一部分或者几部分的工作行为作为重点的信息收集,而这些抽取出来的工作行为就被称为一个样本。在抽取样本的过程中要注意绩效工作的代表性,比如,没有必要具体去追查为什么销售员工会过早离开公司,只需抽查有代表性的样本就可以了。

(四)重视事实的收集

信息收集应注重对于既成事实的收集,而不应该在部分信息收集的基础上推测员工的绩效行为。基于客观事实得出的绩效信息在管理者与员工进行绩效沟通的时候,会得到双方的认可,反之,如果是推测得出的信息,不仅缺乏可信度,而且会引起员工对于管理者的质疑。所以更多地依靠事实信息交流,更容易使员工能够理解和信任组织的绩效考核过程。

(五)繁简适度原则

由于部分绩效信息一闪而过,过于繁杂的操作流程使得员工不能够及时记录,使得组织或多或少会损失部分有价值的信息。这使得组织在要求员工进行信息收集时应坚持简便、快捷、准确的原则,并提供相应的记录要求,这样就可以在绩效管理过程中及时记录到足够的信息。虽然收集信息的时候要简便,但是时间充裕后也应该要补充完整,以便组织后期进行充分的信息利用。

专栏 4-2

孔子的学生颜回煮粥时,发现锅里掉了些脏东西。他赶紧用勺子把它捞起来,正要倒掉,突然觉得一粥一饭来之不易,就吃了。不幸的是,孔子走进厨房,以为颜回在偷吃东西。把他狠狠教训了一顿。经过解释,孔子恍然大悟突然意识到他所看到的不是事实真相。

启示:绩效信息的收集应该需要全面、客观,不能够仅仅凭借目前所收集到的信息来进行,也不仅仅依靠管理者来收集,也需要依靠员工的积极参与，只有在整个绩效管理过程中尽可能地收集绩效信息，才会最终使这些信息为最终考核结果提供有力的支撑，使被考核员工获得认可。

本章思考题

  绩效计划执行的原则是什么？
  绩效计划执行的步骤是什么？
  绩效沟通的原则包括那些？
  非正式的沟通包含哪些？
  绩效信息收集的意义是什么？
  绩效信息收集的原则是什么？

案例与问题

  小张是某房地产公司技术部的一名职员，1992年大学毕业后直接进入了这家企业。在同事和上司的眼中，小张能力平平，态度一般，绩效也属于正常的范畴，甚至有时候还耍些小聪明，工作得过且过，但令人一直不解的是，除了1992年小张考核结果被评为"一般"外，1993年至今的9个年度考核中，小张的考核结果一直是S'（杰出）。在与小张的一次非正式沟通中得知，"考核也有诀窍！"，小张说，"我们公司采用的是年度考核，一年考一次，时间那么久，上司工作又那么忙，谁会记得上半年的工作情况。因此，我采取的策略是，上半年闲着，有些事情能拖就拖，拖到下半年，尤其是10月、11月、12月三个月，我会经常加班加点，主动帮助上司和同事分忧。

  试想一想，年底我的考评结果怎么可能差？"

  我问："这样就能得S'了？"

  小张："有的时候确实不足以评为S'，为了万无一失，我在一年中找机会干上一、两件漂亮的事情，事情不在于多么有价值，关键要有声势，能够让上司牢牢记住，那么评为S'就没有任何问题了。"

  我问："你的上司就这么容易被糊弄？"

  小张："我的上司是个工作狂、技术迷，对管理不太感兴趣，况且管理很容易使人丢饭碗，不如技术来得实际。"

  我问："打断一下，为什么说管理不如技术实际？难道公司不希望他们从事管理工作吗？"

  小张："管理也很重要，但在我们公司，更看中的是技术专家，否则也不会让我的上司做领导了！加上过去有的技术专家因为主要从事管理而荒废了技术，公司对他们不太满意，使得这些专家难以在企业继续生存下去，因此大家都不敢，而不

完全是不愿放弃技术工作。我的上司也是如此。再加上我对上司的脾气非常了解，他这个人是个老好人，不愿意轻易得罪人，上半年我混混一般是没有太大问题的。"

分析与讨论：
（1）该公司的绩效考核存在那些问题？
（2）这样会对公司产生什么样的影响？

第五章　绩效考核

本章导读

实践中，组织实施绩效考核、关注绩效改进是不断提升自我和达成战略目标的重要保证。从理论上讲，绩效考核与绩效管理通过将组织战略目标逐级分解并层层传递给各级各部门直至各个员工，使得部门及个人的绩效聚焦，共同支撑组织战略目标的实现。

绩效考核是一项系统工程，涉及组织的发展规划、战略目标体系及目标责任体系、指标评价体系、评价标准、评价内容及评价方法等。无论组织和个人都必须以系统和发展的眼光来理解绩效考核，综合时间、过程、结果的三维要素进行综合考虑。绩效管理的核心是促进组织管理水平的提高及综合实力的提升，实质是使员工个人能力得以发展，并确保人尽其才，使人力资源的作用发挥到极致。明确这个概念，就可以明确绩效考核的目的及意义。而理解和明确绩效考核的概念内涵、考核目的及其意义，能够帮助管理者更好地开展人力资源管理工作，也有利于绩效管理工作的顺利开展和组织目标的实现。组织在制定发展规划、战略目标时，为了更好地完成这个目标需要把目标分阶段分解到各部门，最终落实到每一位员工的身上，即每个人都有任务。绩效考核就是按照一定的原则对组织人员完成目标情况的一个跟踪、记录、考评的过程。绩效考核过程中的主要活动是由考核主体开展的，因而考核主体的素质和能力决定着考核工作的成败，选择合适的考核主体并对其进行相关的培训是绩效考核工作成功的关键所在。

学习目标

通过对本章的学习，能够了解绩效考核的概念、绩效考核与绩效管理的区别；掌握绩效考核的目的与意义、绩效考核的原则、绩效考核指标确定的原则；熟悉绩效考核主体的选择与培训。

关键概念

评估	Assessment
发展	Development
激励	Excitation
绩效考核	Performance examine
组织战略	Organizational strategy
绩效考核目标	Performance evaluation objectives
绩效考核指标	Performance evaluation indicators
绩效考核主体	Performance evaluation subject

最好的绩效考核，不是考核而是强大的激励。

——［美］彼得·德鲁克

绩效考核作为现代组织管理的核心环节之一，对提升组织业绩的作用已经受到了普遍的关注。组织通过绩效考核可以获得员工工作的真实信息，通过沟通反馈改善绩效水平，提高员工素质，同时考核信息也为组织人事决策提供重要依据。绩效考核作为绩效管理的核心环节，涉及"为什么考核""考核什么""怎么考核"和"谁来考核"等重要问题，在实践中受到管理者和员工的广泛关注。考核的科学性与准确性是成功实施绩效管理的关键。因此，本章将就绩效考核的含义、考核目的及意义、考核原则和考核主体等内容做系统介绍。

第一节　绩效考核的含义、目标与意义

一、绩效考核的含义

（一）绩效考核的内涵

绩效考核（performance examine）又叫绩效评价、绩效评估或绩效考评，是绩效管理过程中的关键一环，也是人力资源管理过程中必不可少的工具。因此，理解和明确绩效考核的概念内涵，能够帮助管理者更好地开展人力资源管理工作，也有利于绩效管理的顺利开展和组织目标的实现。

绩效考核最早起源于西方国家的文官（公务员）制度改革，旨在解决政府冗员充斥，效率低下的问题，核心内容是对政府雇员的德、能、勤、绩进行全面考察，并根据工作实绩的优劣决定公务员的奖惩和晋升。随着人力资源管理的发展和绩效管理概念的提出，对绩效考核这一概念的理解和定义也经历了一个逐步完善的过程，早期对绩效考核这一概念的描述主要有以下几种：

第一，绩效考核是一种定期考察个人、工作小组或部门工作业绩的正式制度；

第二，绩效考核是人力资源管理系统的子系统，其目的是为了充分培养、开发和利用组织的人力资源；

第三，绩效考核是为了确认组织员工能否胜任现有工作以及是否具有担任更高职务的潜力而定期开展的管理程序；

第四，绩效考核所关注的是组织成员对组织的相对价值，并对成员的这一价值进行程序化、规范化的考察；

第五，绩效考核就是利用一套考核的程序、规范和方法对组织成员的贡献进行排序。

在人们对绩效考核的概念认识不断深入完善的基础上，本书对绩效考核的定义如下：绩效考核是根据人力资源管理的需要，运用相应的制度和系统化的方法，按照事先确定的工作目标及其衡量标准，测评员工在一定考核周期内对规定职责的履行程度，并评价其工作业绩的过程。

我们在理解绩效考核的含义时要明白：绩效考核要与组织既定的战略目标相联系，从而对组织成员的行为活动产生正面的引导，并且绩效考核应该关注组织成员绩效达成的完整过程，应以成本代价为基础，以绩效结果为导向。

专栏 5-1

　　管理学上有个著名的"林格尔曼效应"实验，它来源于法国农业工程师迈克西米连·林格尔曼（1861—1931）的"拉绳子"实验。林格尔曼让力气相近的不同数量的人拉绳子，然后测量绳子的拉力和平均每个人的拉力数值，其结果见表 5-1。

表 5-1　林格尔曼拉绳子实验结果

情况	实际测得拉力（千克）	平均 1 人拉力（千克）
1 人拉绳	63	63
2 人拉绳	118	59
3 人拉绳	160	53.3
8 人拉绳	256	32

启示：从林格尔曼拉绳子实验的结果能够看出，参与的人数越多，平均一个人的拉力反而越少。到8个人一起拉绳子时，平均拉力反而下降到了原来1个人拉绳子时的一半的数值。也就是说，8个人一起拉绳子的实际拉力，大致相当于4个人分别拉绳子的拉力之和，出现了一加一小于二的反常现象。这个著名实验说明：人们在单独作战时会竭尽全力，但是到了集体行动时，更倾向于把责任分解和扩散到团队中的其他人身上。这是集体劳动存在的一个普遍特征，来源于人与生俱来的惰性。林格尔曼将其称为"社会惰性"。这就要求，在企业实务中建立绩效考核制度，依据科学公平的标准划分清楚员工个体对企业的贡献，从而激发员工工作的积极性和主动性，提高工作效率。

（二）绩效管理与绩效考核

绩效管理与绩效考核是密切相关的，但二者并不是完全等价的。绩效管理是人力资源管理的核心内容，而绩效考核是绩效管理的关键环节，绩效考核先于绩效管理而出现。绩效管理是在绩效考核基础上的延伸和发展，是一个涵盖了绩效计划、绩效监控、绩效考核、绩效反馈等环节的完整系统，它重视信息沟通与绩效提高，强调事先的交流与保证，贯穿于组织管理活动的全过程。而绩效考核则是绩效管理过程的一个环节，它重视对成员行为的判断和评估，强调事后的考查与评价。绩效管理和绩效考核二者的具体区别主要有以下五点。

第一，绩效管理是一个完整的管理过程和管理系统，而绩效考核只是绩效管理过程中的一个环节，管理系统中的一个部分。

第二，绩效管理是一个过程，因而它注重过程的管理，也强调对结果的关注，而绩效考核只是一个阶段性的总结。

第三，绩效管理是管理者与组织成员双向沟通的过程，能够实现组织与个人的双赢，而绩效考核则是单向地排序从而对组织成员做出评价。

第四，绩效管理具有前瞻性和规划性，有利于组织进行未来规划，而绩效考核则是对过去的阶段性总结，是绩效管理进行未来规划的现实依据。

第五，绩效管理侧重信息沟通与提高绩效，强调事先的沟通与承诺，而绩效考核侧重对组织成员行为的判断与评估，强调事后的考查和评价。

因此，在人力资源管理的具体工作中，不能简单地将绩效管理看作绩效考核。如果只重视考核结果，而忽视了绩效管理的其他环节，那么绩效管理的目的就难以达成。但是，也不能将绩效管理和绩效考核完全割裂开来，绩效考核可以为组织绩效管理的改进提供反馈信息，从而提高绩效管理的有效性，帮助组织的管理者提高管理水平，进而达成组织的绩效目标。总之，绩效管理和绩效考核之间存在着许多差异，但又是一脉相承、密切相关的。

二、绩效考核的目标

绩效考核目标是指组织在管理实践中对组织成员考核评估结果的最终使用路径及方式，是组织在员工管理过程中进行绩效考核的最终目的及员工对这一最终目的的感知。绩效考核目标是绩效考核体系的重要组成部分。道格拉斯·麦格雷戈是最早提出"绩效考核目标"这一概念的学者，他在《企业的人性面》一书中指出绩效考核包括管理、信息以及激励三种目的。目前，学术界对于绩效考核目标的维度定义存在一定的争议，但大致可总结为两维度论、三维度论和四维度论。

（一）绩效考核目标的两维度

绩效考核目标的两维度是指绩效考核具有"双重本质"，一种是评估本质，另一种是发展本质。评估本质的出发点是为员工的薪酬待遇配置和职位调整提供信息，即绩效考核的最终目标是辅助管理者做出员工绩效奖金和职位调整的决策。发展本质的出发点是为员工的成长和未来发展提供帮助，强调其对员工的激励，即组织进行绩效考核的最终目标是帮助管理者更加全面地了解员工的优势、劣势及职业潜力，从而更好地指导员工的未来发展方向和绩效提升。

（二）绩效考核目标的三维度

在绩效考核目标的三维度论中，最具代表性的是道格拉斯·麦格雷戈所提出的观点。他认为绩效考核的目标有三个，分别是管理目标、信息目标和激励目标。管理目标，是指组织进行绩效考核的目的是为了辅助其他人力资源管理活动，为薪酬决策、职位调整、解聘等人事管理活动提供参考。信息目标，是指组织通过绩效考核，观察员工的行为活动、收集员工的绩效信息，并将信息反馈给管理者和员工个人，从而帮助员工了解自己的优势、劣势和职业潜力，促进员工的自我提升和发展。激励目标，是指组织通过绩效考核的过程，激发员工的潜力，提高员工的工作积极性和主动性。部分学者将信息目标替换为员工保护，即通过绩效考核来记录即时绩效和期望绩效，避免上下级之间对绩效形成误解。

（三）绩效考核目标的四维度

绩效考核的目标也可以聚合成四类：人际评估、自身评估、系统维护和文件管理。第一，人际评估，强调组织成员个体之间绩效价值的比较，具体包括薪酬决策、职位调整、解聘、续聘、个体绩效识别、不良绩效识别等，绩效考核则可以为这一比较提供客观基础。第二，自身评估，强调对组织成员个体本身优势、劣势和职位潜力的识别，具体包括个体培训需求识别、绩效反馈、换岗、任务分配等。第三，系统维护，强调通过绩效考核对人力资源系统进行评估，识别人力资源系统的问题，促进其改进和完善，具体包括对薪酬系统、职位分配、评价组织目标完成情况的评价等。第四，文件管理，强调通过绩效考核去记录、保存和管理人力资源管理的决策，具体包括记录规范要求、评估决策等。也有学者将绩效考核目标的四维度划分为管理目标、发展目标、研究目标和系统维护。

绩效考核目标的维度是多重的，这也就意味着组织中绩效考核体系的目标并不局限于某一种，这些目标也不是非此即彼的替代关系而是联合使用的协调关系。虽然众多学者对绩效考核目标的认识仍然存在一定的差异，但是从整体上看绩效考核的评估目标和发展目标获得了大部分学者的关注和认可。评估目标旨在通过对组织成员行为活动的历史性回顾和分析，从而对其做出判断。发展目标则着眼于组织成员未来的绩效表现，通过绩效考核识别组织成员的发展需求，从而达到开发组织成员潜能的目的。

三、绩效考核的意义

绩效考核已经成为现代企业人力资源管理的关键一环，它对于激发员工潜力、提高劳动积极性、加强劳动管理都具有十分重要的意义。但是，许多企业在对员工进行绩效考核时，往往停留在表面，大大降低了绩效考核的功能和作用，因此，提高对绩效考核的认识，深入了解绩效考核的意义，对于正确发挥绩效考核的作用十分重要。具体来说，绩效考核的意义表现在以下几个方面。

（一）为薪酬和职位调整提供依据

绩效考核是薪酬、奖金管理的重要工具，是员工职位调整的重要标准。绩效考核可以对员工一定时间内的工作业绩进行客观的判断和评估，可以对员工现任职位的胜任程度及其发展潜力做出客观公正的评价，并且绩效考核的结果对组织内所有成员都是公开的，通常情况都获得了员工的认可。因此，基于绩效考核结果的薪酬发放和人事调动也往往容易被员工所接受。

（二）调动员工工作的主动性

企业员工工作情绪的高昂与否直接影响着员工工作的效率和效果。企业对员工进行的绩效考核总是和绩效奖励联系在一起，所以绩效考核本身就是一种员工激励机制。科学可行的绩效考核机制能够调动员工的主观能动性，让员工积极主动地参与到工作中，投入足够的时间和精力用于提高工作效率、创新工作方法，从而促进企业的发展。

（三）进一步挖掘员工的职业潜力

企业可以通过绩效考核获得所有员工的工作信息，通过整理和分析这些信息可以明确员工的优势、劣势和职业潜能，从而可以为员工自身的职业发展、专业学习提供明确的努力方向，为企业的员工培训计划提供科学合理的依据。员工在朝着正确的方向努力时，会更加勇敢地展示自我，有助于员工内在潜力的深度挖掘，让员工有更多"可能性"，也让企业有更多"可能性"。

（四）实现企业公平性薪酬管理体系

企业不同的部门、不同岗位的工作性质和任务也有所不同，因此，企业的人力资源管理部门要综合考虑员工实际情况、岗位职责等方面差异性，通过建立健全绩效考核体系来保障薪酬管理的公平性，让职位高低不再成为唯一关联员工薪酬待遇的因素，而是能够从完成工作质量、日常工作表现、创新工作贡献等多方面考核来确定薪酬待遇。

（五）实现劳动过程的控制

绩效考核能够实现劳动过程的控制，指企业通过对员工进行绩效考核，得出对员工工作业绩的评价，并利用这一评价来约束和限制员工在工作过程中的行为，使其行为符合组织的目标和期望。绩效考核一定程度上就是组织成员之间的相互评价、相互比较、相互影响、相互监督，也是组织成员的自我教育和调控。绩效考核工作的结果能够指引企业员工朝着组织期望的方向努力，使得企业能够对生产经营的全过程进行控制，掌握对员工的支配权，从而为生产经营的成果、效益提供保证。

（六）增强企业综合竞争实力

随着我国改革开放政策深入实施，信息技术逐渐普及，各个领域行业都面临改革创新机遇的同时，也面对着行业间的激烈竞争，一旦忽视绩效考核工作，将会直接影响企业竞争优势，进而影响企业的可持续发展。加强绩效考核制度的建设和执行，能够提高人力资源管理效率，促进企业全面进步和发展，使企业能够更好地应对行业竞争、市场变化，增强企业的综合竞争力。

总之，新时代企业要正确认识到绩效考核的重要意义，将其作为增强企业竞争力、促进企业与员工和谐发展的有效手段。更要革新思想观念、创新绩效考核制度、强化绩效考核核心价值、增强员工自我管理能力，从而充分发挥出绩效考核的价值作用，凝聚员工向心力，保证企业健康、良好以及可持续的发展。

第二节 绩效考核的原则

绩效考核的结果广泛应用于组织的各项管理决策中。绩效考核是对员工的整个工作过程的全面、客观的评价，既包括对员工工作业绩的考核，也包括对员工工作能力和工作态度的评价。为了确保绩效考核结果的准确性，组织在进行绩效管理的过程中必须遵循一定的原则。

一、绩效考核的原则

（一）公开性和民主性原则

绩效考核的程序、方法和时间都应该及时向被考核者公布，整个考核过程和考核结果应该客观、公正。绩效考核应该以工作分析所确定的工作内容和职责为依据。绩效考核主体应该对所有的员工一视同仁，避免主观臆断和个人情感等因素对考核结果的影响。

（二）全面性原则

绩效是多维度的，绩效考核的目的也是多维度的，员工绩效也受到多种因素的影响，并从多个方面表现出来。组织在对员工进行绩效考核工作时，应该进行全面性的、综合性的考量，多方面收集信息与资料，不能依据片面的考核结果而做出评估决断和相关的管理决策。

（三）差别性原则

绩效管理过程应自上而下完成实施，对不同类型的人员要采取不同的考核策略，制定不同的考核内容。从组织的高层管理者到中层管理者，再到基层员工，绩效考核的关注点应逐渐从财务结果转移到偏重内部运营，而衡量的指标也从结果型指标转向偏重过程型指标。

（四）关联性原则

绩效考核不仅仅是人力资源管理部门的工作，每一位管理者在绩效管理工作中，都要和下属员工共同商议，确定员工的主要工作目标，并进行指导，以确保绩效的实现。绩效管理过程中还应做好与员工的沟通交流工作。

（五）持续性原则

对任何组织来说，绩效考核工作不是只进行一次就可以一劳永逸的。员工绩效的改进和组织绩效的提高是一个持续不断的过程。绩效考核的目的是促进员工和组织的持续发展，而不是为了进行惩罚。绩效管理系统应该建立在清晰明确的企业战略的基础之上，具体实施时应该兼顾企业的长期利益和短期利益。

（六）及时反馈原则

绩效考核的结果通常与员工的薪酬和晋升相关。但是，奖励和惩罚本身并不是绩效考核的直接目标，绩效考核的目的在于使员工全面认识自己的优缺点，明确自己今后的努力方向，更好地改进绩效，从而促进员工个人的发展与进步。因此，绩效考核的结果应及时反馈给员工。如果绩效考核的结果未能被员工所了解，绩效考核本身也就失去了意义。

（七）战略协同原则

战略协同原则是指组织的绩效考核制度要与组织的发展战略相互协同，制度的设计要以组织的战略规划作为目标，在保证基层员工在完成组织目标的基础上实现个人的发展。从企业的角度看，企业要对企业的经营目标和员工的发展进行准确的规划，并且在制度完善的过程中还需要充分考虑基层员工的发展需求，最终实现员工与企业的共同、可持续地发展。

专栏 5-2

　　海底捞对每个火锅店的考核只有三类指标：一是客户满意度，二是员工积极性，三是干部培养。所有这些指标，都是围绕海底捞的战略来进行设置的，即想尽一切办法提升客户满意度，海底捞相信"客户是一桌一桌抓来的"。

　　启示：这个案例充分说明了绩效考核要与组织战略目标协同的重要性。面对高度复杂和不确定的环境，运营部门要更加充分认识到战略管理的意义和价值。绩效考核与评估已经成为战略管理过程中的关键组成部分，企业要利用目标管理法、KPI指标法、平衡计分卡等方法，对企业的战略规划和目标层层分解，生成绩效指标和标准，从而推动组织战略的落实。因此，在进行绩效考核，构建绩效考核指标体系时，要从组织的战略和发展规划出发，找准各方面的关键绩效指标，充分发挥绩效考核的导向作用，真正做到绩效考核与组织战略的协同，最终实现组织与成员的共同发展。

（八）激励性原则

从绩效考核的概念上看，绩效考核与员工的工作行为和工作态度之间是相互作用的关系，也就是说，员工的工作行为和工作态度会影响到考核结果；反之，考核结果也会影响到员工的工作行为和工作态度。因此，在进行绩效考核制度设计时要考虑激励性的原则，绩效考核的结果要能够为员工的激励和惩罚提供依据，最终提升员工的工作态度和工作行为。

（九）常规性原则

常规性原则指要把绩效考核工作纳入日常管理中，使其成为常规性的管理工作，实现绩效考核的系统性以及与其他管理工作的协同性，从而更顺利地开展绩效考核工作，更好地发挥绩效考核的作用。

二、绩效考核指标确定的原则

组织内员工的绩效考核指标是组织人力资源管理的重要组成部分，一定程度上决定了组织人力费用的投入产出效率。绩效考核指标是通过已经明确了的绩效考核目标，对组织的各级人员完成目标过程中创造的价值进行判断的过程。绩效考核指标就是将影响到工作成果的诸如员工专业能力、创新能力、执行能力、个人品德等因素用科学的方式进行合理分类，对员工日常工作进行量化考核，形成绩效考核结论，评价员工日常工作成效。

绩效考核指标的确定直接影响着绩效考核工作的效果，因此在进行绩效考核指标确定时也要遵循一定的原则，以保证绩效考核指标的有效性。

（一）目标一致性原则

目标一致，指的是绩效考核指标的确定要与绩效考核的目的、考核对象的战略目标相契合。一方面，绩效考核的目的是引导、帮助组织实现其基本的战略目标以及检验战略目标的实现程度,这就要求绩效考核指标的设定和选择要从组织的战略目标出发。另一方面,组织整体战略目标的达成是通过各层级分目标的达成来保证的,因此,每一层级绩效考核指标的确定也要与该层级的绩效考核对象的目标达成一致。

(二)科学性原则

绩效考核指标确定的科学性强调要把理论和实践结合起来,并且保证所采用的指标确定方法是科学的。首先,科学的理论是指导,所确定的绩效考核指标要保证在基本概念和逻辑结构上严谨、合理,抓住组织的实质。其次,要联系实际,绩效考核的指标应是理论与实际相结合的产物,要抓住实践中最重要的、最本质的和最具有代表性的东西。总的来说,对客观实际抽象描述得越清楚、越简练、越符合实际,科学性就越强。

(三)系统性原则

人力资源涉及内容较多,是一个综合性的系统,常常会受到多种外在因素的影响和制约。因此,在分析时应当从宏观角度出发,对人力资源系统之间的内部联系进行详细的阐述,如此才能最为真实地反映人力资源的真实情况,并针对其中出现的问题做出解释。首先,系统性原则要求指标体系必须全面地体现所要达到的目标,指标的内容应该能够全面、系统地反映组织的目标和要求。其次,系统性要求所选指标能反映不同的侧面,全面、整体地考察组织或员工的绩效,还必须明确绩效考核的重点。最后,设计绩效考核指标体系的方法应采用系统的方法,例如系统分解和层次分析法(AHP)。

(四)可比性原则

人力资源绩效考核体系构建的主要目的是对内部人力资源在不同时期的情况进行对比和分析,及时掌握人力资源的分配情况,并及时发现人力资源管理中存在的不足之处,从而提出有效地解决措施。因此,绩效考核指标应符合空间上和时间上的可比原则。这就要求在确定绩效考核指标时要做到:一方面,保证各指标间具有相互独立性,同一层次上的指标之间不能交叉重叠,否则,无法比较;另一方面,绩效考核指标必须反映组织或工作的共同属性,即保持质的一致性,这样才能比较两个具体考核对象在这方面量的差异。

(五)代表性原则

人力资源绩效考核指标体系建设时涉及诸多考核指标,但是无法将与绩效有关的所有指标一一纳入，因此在实际建设人力资源绩效考核指标体系的过程中主要以具有代表性的指标和硬性指标为主。同时，任何重要的方面也不能有所遗漏，如果有遗漏，绩效考核的结果就会出现偏差。所以，指标数量的多少及指标体系的结构形式要做到系统优化，即以较少的指标（数量较少，层次较少）来较全面地反映被考核对象的内容。

（六）可行性原则

首先，可行性原则要求绩效考核指标的确定需要结合组织和员工的实际，要考虑员工的实际工作能力和水平，标准过高或过低都不可取。其次，可行性原则要求绩效考核指标要具有可测性。可测性是指绩效考核指标可以用操作化的语言定义所规定的内容，并运用现有的工具测量获得明确的结论。所以，在建设绩效考核指标体系时，应尽量采用定量指标，无法用定量指标衡量时再采用定性指标，定性指标也应该具有直接可测性或间接可测性。最后，可行性原则也要求绩效考核指标的相关资料和信息是可以充分收集的。如果获取相关信息的渠道不畅通，不管考核指标多么科学和具有代表性，都无法实际发挥作用。

绩效考核的科学实施有利于绩效管理工作的顺利开展和组织目标的实现，而绩效考核指标体系的构建又直接影响着绩效考核工作开展的效果。所以，在建设绩效考核指标体系时要坚持六大原则，确保所选取的指标符合组织目标的要求，并且具有实际操作的相关属性。此外，在实际开展绩效考核工作时也要始终坚持九大原则，充分发挥绩效考核对于激发员工潜力、提高劳动积极性、加强劳动管理等方面具有的重大作用。

第三节　绩效考核的主体

一、考核主体

考核主体指对员工绩效进行考核的人员。考核主体的选择会对绩效考核结果的信度和效度产生直接的影响。一般情况下，考核主体在以下五类人中进行选择，即员工的直接上级、同级同事、直属下级、员工本人以及客户和供应商。

（一）直接上级

在人力资源管理和绩效管理的过程中，直接上级都始终发挥着重要的作用。在大部分组织中,直接上级对下属进行评价是最常用的一种评价方式。首先,直接上级是最熟悉、最了解其下属工作状况的人,而且对绩效考核的内容和要点也十分熟悉。其次,对于员工的直接上级而言,绩效考核本身就是他们管理、监督和引导下属的一种有效手段,可以帮助他们促进团队或者部门工作的顺利开展。如果,直接上级不能对其下属进行绩效评价,那么他们对其下属的控制能力就会被大大削弱。再者,绩效管理的目的与直接上级对其下属进行培训与技能开发的工作目的是一致的,员工的直接上级能够协助相关部门更好地将绩效考核与员工的培训与开发结合起来。总之,员工的直接上级在观察和评价其下属人员的工作绩效方面占据着最有利的位置,同时也承担了更多的管理责任。

(二)同级同事

同级考核是由考核对象的同级同事对其进行评价,这里的同级同事不仅仅指考核对象所在团队和部门的成员,还包括组织中其他部门的成员。这些人员一般与考核对象有经常性的工作联系,并且处在组织命令链条上的同一层次。同级同事对组织成员评价的信度和效度都很高,还可以作为员工工作绩效的预测因子。此外,同级同事对组织成员的评价也可以用来预测此人将来能否在管理方面获得成功。这是因为同级同事评价他人工作业绩的视角与上级的视角是不同的,比如,他们会更关注该成员在工作中与其他人的合作情况。而且,上级与下属的接触时间毕竟有限,下属也总是会在上级面前展示他最优秀的方面,而他的同级同事却可以看到他其他方面的表现,这是同级考核最有意义和价值的地方。总之,使用同级同事作为考核主体,可以对单纯的上级考核进行补充,有助于形成关于个人绩效的一致性意见,并且帮助人们消除偏见,促进考核对象更好地接受绩效考核的结果,乃至整个绩效考核和绩效管理系统。

(三)员工本人

美国心理学家阿尔伯特·班杜拉(Albert Bandura)提出了社会认知理论,这一理论认为许多人都清楚自己在工作中哪些方面做得好、哪些方面做得不好,他们如果有机会就会客观地对自己的工作业绩进行评价,并采取必要的措施进行改进。这一理论正是员工自我评价法的理论基础,有些组织会在绩效考核中采用这一方法,并与上级考核结合起来使用。班杜拉认为提倡自我评价会让组织员工在自我工作技能开发等方面变得更加积极和主动,那些重视员工参与和员工发展的管理者应该认同并欢迎自我评价。

但是由直接上级和本人同时进行绩效考核或评价的做法可能会导致矛盾的出现。在实际考核工作中,员工往往会高估自己对组织的贡献,即员工对他们自己的工作绩效做出的评价可能比他们的主管人员所做出的绩效等级要高。员工自我评价与上级评价之间的矛盾是所有管理者必须要面对和解决的问题，因为即使组织没有正式要求成员进行自我评价，他们也会在心里对自己的工作做出主观判断。因此，如果能够充分辨析产生评价结果差异的原因，管理者就能更好地理解考核对象的行为并实行更有针对性的行为引导。

（四）直属下级

直属下级的考核与评价能够给管理者提供一个了解下属对其管理风格看法的机会，有助于帮助管理者改进工作，提高绩效。但是，很多管理者担心他们的一些不受欢迎但必要的行为（如批评下属）会导致下属在对他们进行绩效评价是实施报复。这种担心并非是不必要的，下属往往没有承担过管理工作，他们不了解管理者某些工作的必要性，因此很难就"事"而论，往往会就"人"而言，其对上级评价的结果信度通常不高。此外，由于下级评价与传统的自上而下的管理方式相悖，同时担心下级评价会削弱管理者的权力，因而真正采用直属下级这一考核主体的组织不多。

组织若要把下级评价导入绩效考核系统，充分发挥下级评价的积极作用，那么应该注意三个方面的问题：参与管理、考评者匿名以及具体的评价内容。

第一，让下级参与评价其主管的工作实际上是让其对上级的管理工作提出自己的看法。下属观察某些行为指标的能力往往比管理者强，因此下级评价不仅是对管理者的评价，更重要的意义在于可以听到下级的意见和建议，并在决策时考虑这些意见和建议，从而促进管理的改进。

第二，匿名评价是组织在采取下级评价时十分注意的。下属在对直接上级进行评价时，必然会想到这种评价所潜藏的风险，他们担心对直接上级的低绩效评价会遭到事后的谴责和报复。在这种情绪下，仅仅匿名仍然不够，下属还应感到"人数上是安全的"。

第三，前面讲过下属从未做过直接上级所做的工作，他们经常想当然地认为管理者的行为是对还是错。他们在很大程度上并不了解管理者的具体工作，当然也就不了解管理者是否应该做某件事，更谈不上评价他们做得好与坏，因此对下级评价的结果要进行合理的分析和应用。

（五）客户和供应商

客户和供应商，作为了解员工工作情况的外部利益相关者也可以成为绩效考核的主体。将客户和供应商纳入绩效考核主体的做法主要是为了了解那些只有特定人员才能够感知到的绩效情况，或通过引入特殊的考核主体来引导考核对象的某些行为。例如，在服务行业中，以客户作为考核主体对那些直接面对客户的服务人员进行绩效考核，可以更多地了解他们在实际工作中的表现。更重要的是，在有些组织中，客户满意度是组织成功与否的关键影响因素，这类组织通过将客户纳入考核主体来引导员工行为，可以促进员工更好地为客户服务，追求组织整体的成功。

专栏5-3

在小米公司，全员皆客服，通过赋予用户高度的参与感，小米把管理员工的任务交给了几千万米粉。小米绩效考核的指标来自用户，以用户反馈来驱动开发，响应快速，倒逼管理改进，让用户通过体验对员工的绩效做出评价。

启示：小米的案例生动地展示了将客户作为考核主体的管理图景，利用客户的评价来引导员工行为是完全可行的。当产品的反馈直接来自用户，而非管理者，员工会对比有更加强烈的感知。用户的一句表扬，足以带给员工物质难以替代的激励。同样，用户的一句批评和职责，也能够让员工拥有迫切改进的动力。这样的绩效考核制度既可以增强客户的参与感，增加用户黏性，培养忠实用户，又可以持续地改进产品，优化用户体验，满足用户需求，实现企业目标。

二、考核主体的选择

绩效以及绩效考核目标的多维性容易导致不同考核主体对同一工作绩效的印象不同。通过上面的介绍可知，各种考核主体并不是相互孤立、相互排斥的，而是能够相互补充和配合的。为了保证考核的客观性和公正性，可以适当选择多样化的考核主体。在设计绩效考核体系时，也一定要注意考核主体与考核内容的匹配。选择什么样的考核主体在很大程度上与所要考核的内容相关。考核主体选择的一般原则有以下两个。

（一）知情原则

知情原则强调考核主体应该对被考核对象的工作内容有一定的了解。首先，与被考核者的考核内容相关的信息资料应该是考核主体能够了解和掌握的，只有这样，考核主体所做出的评价才有可能是准确的，否则就可能影响整个绩效考核工作的公平性和准确性。其次，考核主体对被考核对象的职位和职务也必须有所了解。考核对象的所有行为都是围绕着其职位和职务而展开的，忽略了对其职位和职务的关注往往会得出以偏概全的判断。

(二) 360°原则

单一的考核主体容易产生误差与偏颇。而采用多元化的考核主体既可以对考核结果实现相互印证，又能够相互补充，体现考核的准确性；另外，扩大考核主体的范围也能够体现出考核的民主性与公平性。因此，对考核内容与考核对象的评估可以从多角度、多层面来进行，既可以包括考核对象的上级、同级、本人、下级，也可以向组织外延伸，将利益相关者（如客户、供应商等）纳入考核主体的范畴中。需要特备指出的是，360°考核主体并不意味着考核主体越多越好，而应在考核主体了解考核对象和考核内容的基础上，扩大考核主体的范围，使绩效考核的结果更加全面准确。

三、考核主体的培训

考核主体在绩效管理的过程中扮演着重要的角色。考核者的主观失误或对考核指标和考核标准的认知误差，都会影响考核的准确性进而影响绩效管理甚至人力资源管理系统的有效性。因此，考核主体培训对于实现绩效考核的目标乃至绩效管理的目标至关重要。

(一) 考核主体培训的必要性

即使组织的绩效考核系统对考核对象的工作标准和考核程序进行了明确的规定，也未必能确保绩效考核的结果得到考核对象的认同，产生预期的行为引导作用，因为绩效考核的效果不仅取决于考核系统本身的科学性，还受到考核主体主观方面的影响。绩效考核的意义并不在于如何准确地评价出人的"三六九等"，而在于提供一种行为导向，使评价对象的工作行为符合组织对他们的期望，从而实现组织的战略目标。考核主体对于考核系统的认识不仅会影响考核结果的准确性，而且会影响考核对象对于组织期望的理解，从而对于整个组织的绩效产生影响。现实中还没有哪种手段可以精确地评价人的优劣好坏。在这种情况下考核主体对于考核手段、考核目的的理解甚至比考核方法本身更重要。

一个完整的绩效考核制度不能缺少考核主体培训这一重要环节。离开了人，任何绩效考核制度都是一堆没有用的文件。组织内的相关部门应设计出完善的考核主体培训制度。

(二) 考核主体培训的主要内容

直接上级是最常见的考核主体。对直接上级进行考核主体培训的内容比对其他类考核者进行考核主体培训的内容更广泛。因此，我们在这里仅介绍如何对这类管理者进行考核主体培训。当涉及对其他类型的考核者进行培训时，可参考对直接上级进行考核主体培训的内容中的相关内容。一般来说，考核主体培训主要包括以下五个方面的内容。

1. 关于避免考核主体误区的培训

考核主体的主观错误是绩效考核中最常见的导致绩效考核结果不准确的原因之一。因此，考核主体的培训中必然包括的一项内容就是向考核主体介绍他们在考核工作中可能会产生的一些主观误区，从而防止这些误区发生。考核主体误区一般包括晕轮效应、逻辑误差、宽大化倾向、严格化倾向、中心化倾向、首因效应、近因效应、个人偏见、溢出效应等。

2. 关于绩效信息收集方法的培训

考核主体对考核对象的工作业绩做出判断的重要依据就是绩效信息，所以如何收集绩效信息也是考核主体培训的一个重要内容。一方面，充分的绩效信息收集可以让绩效考核的结果更有说服力；另一方面，也可以为绩效反馈提供充足的信息。关于绩效信息收集方法的培训通常以讲座、录像的形式展开。需要注意的是，绩效信息收集的渠道是多元的，包括上级的观察和员工的汇报。事实上，不同的职位、不同的工作性质，其绩效信息收集的渠道也不尽相同。

3. 关于熟悉考核指标的培训

关于熟悉考核指标的培训是指要让考核主体了解和熟悉绩效考核的指标体系，清楚这些指标是怎样确定的，真正了解它们的含义。考核主体主要在准确、完整理解绩效指标体系的基础上才能将绩效考核体系所要传达的信息传达给考核对象，才能对考核对象做出客观公正的评价。

4. 关于确定绩效标准的培训

绩效标准培训指的是通过培训向考核者提供考核时的比较标准或者参考的框架。考核者如何理解绩效标准将在很大程度上影响他们对每个考核对象的考核结果。进行绩效标准培训是实现绩效管理程序公平的前提。

5. 关于正确使用考核方法的培训

绩效考核过程中可能采用的具体方法是多种多样的。每种方法都有其优点和缺陷。应该通过考核主体培训使考核者充分掌握在实际考核时需要采用的各种操作方法、填写表格的注意事项等，以充分发挥该考核方法所具有的优势，并使考核者对考核方法产生认同和信任感。这种认同感将有助于绩效考核结果得到管理者乃至考核对象的认同。

考核主体培训的主要内容要根据组织不同的情况而定，并没有统一的模式，每一次的培训内容可以针对不同的问题来进行。一种称作考核者效能培训的培训方式被证明是有效的。考核者效能培训通过向考核者传授每种绩效维度的意义、每一种维度代表的工作行为以及每一种行为的效果，来改进考核者准确评分的能力。

复习思考题

1. 绩效考核的概念和意义。
2. 绩效考核的目的是什么，绩效考核目的的维度有哪几种说法？
3. 简述绩效考核的基本原则。
4. 简述绩效考核指标确定的基本原则。
5. 绩效考核的主体有哪些以及该如何选择？
6. 绩效考核主体培训的必要性？
7. 绩效考核主体培训的主要内容有哪些？

案例分析题

安利（中国）绩效考评：让员工广泛做主

在人力资源管理方面，安利近年来一直处于领先地位。安利拥有先进的绩效评估系统，使安利能够利用其人才实现全球市场战略的最终目标，并成为《财富》500 强排行榜里长盛不衰的企业之一。

在回顾它的绩效评估时，我们可以找出这家著名国际公司人力资源管理的特点，让员工充分参与并做出决定。安利绩效评估机制以企业文化为基础，强调员工的伙伴关系和明确的人才要素。安利文化的独特性质强调诚信、个人价值、绩效和个人责任，同时强调员工之间的伙伴关系。开放的伙伴关系是安利公司重要的企业文化。正是基于企业文化的要求，安利员工不仅要适应他们的工作知识和技能要求，还要为员工提供与企业文化相对应的七项人才要素，即负责任的行为、创新、公平的沟通、明智的决策、团队精神、持续学习方法和有效过程管理。安利绩效评估就是围绕这七项技能和行为要求。这七项人才要素对不同职位和级别的工作人员有不同的具体衡量标准。对于这七项要求，公司都制定标准化、清晰的表格，并提交每项技能的详细问题。每个问题都分为五个级别进行评估。在管理层，以员工绩效评估的形式创建了 16 大类 48 个问题。

绩效评估表特别强调突出考核"团队精神"和"持续学习的态度"的重要性。在经理级员工的绩效考评表里，这两类问题就有五大方面共 16 个问题。安利的绩效考评不会鼓励"个人英雄"，因为个人对公司的价值是有限的。此外，员工的学习能力被重点强调。更为独特的是，绩效考核表的第三部分要求所有主任级以上的员工在上一年度工作订立 3~5 个目标，并对一年中达成目标的情况的考核评分，而这些评估表现的量化得分将决定加薪幅度、升职机会等，所有这些评估都客观、公平、公开而不是依靠上司的"主观取向"。

分析与讨论：

1. 安利（中国）公司绩效考核有哪些特点和优势？
2. 安利（中国）绩效考评制度的经验是否具有普适性，能否被其他公司借鉴？

第六章 绩效考核方法

本章导读

绩效考核也称绩效评价，是运用单一或多种方法对员工具体绩效表现进行评价考核的过程，是绩效管理中的关键环节，具有很强的技术性。选择合适的绩效考核方法，对于能否得到客观、公正的评价有着重要意义。在管理理论和实践中，使用的绩效考核的方法繁多，各具特点。实践中通常将这些方法综合使用，来满足组织不同阶段的绩效考核需求。

评价方法的分类往往基于评价标准，评价标准通常分为：绝对标准和相对标准两类。因此，绩效评价（考核）方法也通常被分为绝对评价和相对评价。相对评价也称比较法，其通过将员工进行相互比较来得出考核结果，而非依据事先确定的绩效标准进行考核。比较法包括排序法、人物比较法、配对比较法、强制分布法。绝对评价是一种运用客观尺度作为评价标准的方法，其依据明确的统一绩效标准衡量同类员工，即将个人工作情况与客观工作绩效标准进行比较，从而得出考核结果。绝对评价通常使用量表法进行考核，主要包括图尺度量表法、行为锚定法、行为观察法、因素考核法、360°考核法等。此外，通常还有一种辅助评价的方式，即描述法，是指考核者运用描述性文字来评价员工的态度、能力、业绩、发展性等，以此作为员工的绩效考核结果。本章将对这些方法进行详细阐述。

学习目标

通过对本章的学习，了解绩效考核方法的分类，掌握常见的绩效考核方法以及各种方法的概念、运用流程、适用范围、优缺点，熟悉各种绩效考核方法间的异同，能够根据实际需要选择合适的考核方法。

关键概念

排序法　　　　　　Ranking method

配对比较法	Paired comparison method
强制分布法	Forced distribution method
量表法	Scaling method
行为锚定量表法	Behaviorally anchored rating scale，BARS
关键事件	Critical incidents

一个企业在管理上的成就，并不在于他有多少天才员工，而在于这个企业如何使平常员工取得更好的绩效，能否完全发挥其员工的优势，并利用每个人的优势来帮助其他人取得绩效。

——［美］彼得·德鲁克

第一节　比较法

比较法通过将员工们的工作绩效相互比较，得出一个相对优劣的绩效考核结果，是一种相对评价方法。当绝对客观的绩效标准难以被确定时，人们便会倾向于通过相互比较和分析，确定一个相对标准，以此进行绩效考核。比较法操作简单便捷，成本较低，评价结果一目了然，因此被广泛应用于管理实践。常见比较法有排序法、人物比较法、配对比较法、强制分布法，其中强制分布法运用最为广泛。

一、排序法

排序法，也称排名法、排列法，是将被评价者的工作绩效好坏进行排名，以此得出绩效考核结果并作为奖惩依据的方法。

排序法的优点在于开发和使用简单，管理成本低，能有效避免集中化倾向和严宽误差。而其缺点在于：评价过程中带有主观性和随意性，所以考核结果容易引起争议；适用范围窄，只能用于同类员工的比较；不能对员工进行行为反馈，缺乏对员工行为指导；当被评价者工作绩效接近时，易受晕轮效应影响，难以进行准确排列。

排序法包括以下两种类型：直接排序法、交替排序法。

（一）直接排序法

直接排序法是最简便直观的排序法。管理者经过整体考量后，依据所有被评价者的工作绩效的整体水平，按照从好到坏的顺序依次排列即可，见表6-1。

表6-1 直接排序法

顺序	等级	员工姓名
1	最好	张
2	较好	李
3	一般	裴
4	较差	邹
5	最差	胡

直接排序法适用于组织规模小、被评价者数量少、工作单一的情况。当被评价者绩效水平相近时，往往难以准确排序。

(二)交替排序法

交替排序法，也称间接排序法，是一种广为应用的绩效考核方法。其步骤是：列出所有被考核员工的名单，然后划去因不熟悉而无法进行考核的员工。在剩下的员工中选出最好和最差的，然后再从余下员工中选出最好和最差的，不断重复，直至全部被评价对象排序完成，见表6-2。

表6-2 交替排序法

组别	等级	员工姓名
1	最好	张
1	最差	胡
2	较好	李
2	较差	邹
3	一般	裴
3	差	王

交替排序法简单实用，结果一目了然，适用于评价一些无法被量化的工作绩效，被评价对象较少时使用效率高。缺点是受主观因素影响较大，且容易给被评价者造成心理压力，情感上易被排斥。

二、配对比较法

配对比较法也称相互比较法、两两比较法、成对比较法、平行比较法，是在排序方法基础上演变而来，使排序型绩效考核变得更为有效的一种方法。其操作方法是：将每一位员工依照所考核指标（如"积极性""创新性"等）与其他所有员工进行比较，最后根据比较结果排序，即两两比较，然后排名。这种比较方式比单纯的排序法更加科学有效。

在运用配对比较法时，我们首先需要设计一个类似表6-3的表格，标明需要考核的指标和被考核员工名单。然后根据考核指标进行两两比较，绩效优者记1分，绩效劣者记0分。最后将总分相加，得分越高的员工，绩效越高。

表6-3　配对比较法

考核指标：工作质量					
考核对象	邹	张	裴	王	胡
邹		1	1	0	0
张	0		0	0	0
裴	0	1		1	0
王	1	1	0		1
胡	1	1	1	0	
考核结果	2（中）	4（优）	2（中）	1（差）	1（差）

配对比较法适合用来评选最佳员工，能有效避免集中化趋向；或用于对职位进行比较从而作为确定职位评级和薪酬的依据。其缺点也是显而易见的，如果要考核n个员工，其比较的次数为[n（n-1）]/2次。一旦人数过多，操作起来就会比较麻烦。且配对比较的结果是基于考核者的主观判断，科学性和公平性都有待提高。

三、人物比较法

人物比较法，也称标准人物比较法，1917年由美国的卡内基技术研究所首创，是一种标杆式的比较方法。与前两种比较方法不同，人物比较法不会让所有员工相互比较，而是将某一员工作为标杆，其余所有员工都与此标杆进行比较，从而得出相对客观的比较结果。

人物比较法的实施案例见表6-4，这种方法关键在于评价之前选出"标杆员工"，将此员工的各项工作作为评价标准，标杆的选择要遵循适当原则，有益于实现绩效目标的同时，不能盲目追求过高的绩效水准导致大多数员工难以达标。

表 6-4　人物比较法

姓名 \ 等级	A（杰出）	B（优秀）	C（相同）	D（较差）	E（不合格）
邹					
张					
王					
胡					

人物比较法设计简单、使用成本低，一定程度上能避免考核可能出现的严宽误差、集中化倾向，且设定的标杆可以激发员工的工作积极性。其不足之处在于，标杆员工难以选定；与组织战略目标关联性弱；绩效结果难以为绩效改进提供指导；主观性较强，容易发生晕轮效应或武断评价。

四、强制分布法

强制分布法也叫硬性分布法，是最常用的一种相对评估方法。强制分布法将员工绩效分为若干等级，每个等级分配固定的比例，然后将员工归类到这些划分的等级之中，这种等级标准类似于某种正态分布。但这种方法基于一个有争议的假设，即所有的部门中都有优、中、差表现的员工存在，当部门所有员工都表现良好时，考核者往往很难抉择，且易引发员工抵触情绪。

强制分布法的关键在于每个等级设定什么样的比例来划分被考核者。实施具体步骤是：确定划分等级和比例；然后对员工进行绩效评分；根据评分将员工划分到不同等级；最后根据等级确定考核结果并实施相应奖惩。强制分配法的使用见表6-5。

表 6-5　强制分配法

等级	A（优）	B（良）	C（中）	D（及格）	E（差）
比例	10%	20%	40%	20%	10%

续表

等级	A（优）	B（良）	C（中）	D（及格）	E（差）
员工	张	李	邹	范	胡
		裴	刘	钱	
			周		
			王		

强制分布法操作简单，等级清晰，使用成本低，适用于规模较大、职务种类多的组织；其有效防止了考核过宽、过严或集中化的倾向，在引入末位淘汰制的组织中被广泛使用，且此方法对员工有一定程度的激励作用。强制分布法的缺点也是显而易见的，当部门的员工并不符合组织所预期的正态分布规律，如70%的员工都有优异的绩效表现，那这种方法将会受到员工的排斥，其考核结果也失去了公平性和准确性。此外，将员工分为有限的几个等级，等级之中的个体差异并无体现，也无法对绩效改进提供有效信息。

从以上介绍的四种常见排序法中可以看出，比较法操作简单、使用成本低，在一定程度上规避了严宽误差和集中化倾向，且有利于激发员工的工作积极性。但比较法也存在明显不足。首先，绩效考核的评分标准不够明确，故考核结果的准确性和公平性存在争议。其次，评价结果无法在不同群体或部门之间进行横向比较，如A部门排名靠后的员工可能并不比B部门最优秀的员工差。最后，由于没有客观的绩效标准，评价结果也无法显示绩效差距的原因，难以用其进行绩效改进。因此，一般将比较法与其他方法结合使用，以达到绩效考核目的。

专栏6-1

在某公司的年度绩效考核会上，营销部经理说："最近公司销售量下滑，销售部有一定责任，但主要问题不在我们，竞争对手们产品升级太快，产品优于我们。所以我们也很难做，研发部门可以就此总结一下。"研发部经理说："我们部门最近是推出新品比较少，但我们也有困难呀。研发预算少得可怜，还经常被财务部门削减。没有资金怎么开发产品呢？"

财务部经理说："财务部确实削减了研发预算，但这是出于通盘考虑，公司成本直线上升，我们当然没办法在研发上增加投入了。"采购部经理说："公司的采购成本是上升了20%，你们知道原因吗？因为俄罗斯一个产铬的矿山爆炸了，致使不锈钢价格大幅上涨。"

这时，之前三位经理感叹说："原来如此！这样看来，责任就不在于我们大家了，哈哈哈哈。"人力资源部经理说："这样的话，那我只有去考核俄罗斯的矿山了。"

  启示：企业绩效考核最终是希望绩效改进，而不追究责任。所以当绩效出现问题时，大家的着力点也应放在如何进行绩效改善。先界定责任后再进行改善是人们遇到问题时的惯性思维。当我们把精力都放在责任划分而非业绩效改进上时，那得到的结果都将是归错于外。企业员工互相推卸责任，客户却被晾在一旁。即使责任追究清楚了，但客户满意和客户忠诚也随之流逝了。

第二节　量表法

  绝对评价是根据确定的统一标准来衡量同一职位员工，其关键在于确定一个合适的客观标准。这个标准的表现形式可以根据具体情况而不同，如我们可以选择工作质量、工作时间，或用某一关键事件来作为考核标准。绝对评价通常使用量表法来进行考核。

  量表法是给每项评价指标分配一定分数或权重，然后评价者根据员工表现给每项指标赋分，最后依权重汇总出绩效成绩作为考核结果。量表法作为一种绝对评价方法，一般采用客观的考核标准对员工的工作绩效进行评价，而非将员工进行相互比较。因此，量表法的评价结果较相对评价法而言更加客观、准确，并且能显示出不同员工的差距所在，有利于绩效改进。

  其缺点在于，量表的研发成本较高，专业性强，需要设计出合理的指标和标准。值得注意的是，在使用量表法过程中，对考核指标理解的偏差将会导致主观误差。下面，我们将介绍几种常见的量表考核方法。

一、图尺度量表法

  图尺度量表法，也称图解式量表法，是一种简单且应用广泛的评价方法，这种方法基于图尺度而非定义式评价。图尺度量表法针对每项考核项目或绩效重点，都预先设定标准，包括依赖不间断的分数程度表示的连续尺度和依赖间断分数程度表示的非连续尺度。绩效管理实践中，非连续尺度更为常用。

  图尺度量表法不仅可以考核员工的工作态度、工作业绩及行为特征，并且可以呈现给考核者一系列高绩效者所必需的个人特质，如动机、创新性、团队合作、领导力等,并对此进行考核。

表 6-6 是典型的图尺度量表,该表列举了一些评价要素,以及每个要素所对应的绩效等级(从 A "优秀"到 E "不合格"),并对每个等级进行了说明且规定了分数范围。此外,不同的评价要素也被赋予了不同的权重。在进行工作绩效考核时,考核者理解评价要素和评分细则后,针对每个员工的绩效表现进行评分,继而将个人所得分值相加,得到其最终的绩效考核结果。另外,表中还有空格留给考核者填写一般说明,即给分的事实依据,可以使评价更加客观。

表 6-6 图尺度量表法

员工姓名:	部门:	考核时间:

等级说明:A(优秀)各方面绩效都十分突出,质量高　　　　　档次划分:A:90 分以上
　　　　　B(良好)大多数绩效都超出岗位要求,质量较高　　　　　　　　　B:80~89 分
　　　　　C(中等)工作绩效达标,部分超出绩效要求　　　　　　　　　　　C:70~79 分
　　　　　D(合格)达到了工作绩效标准最低要求　　　　　　　　　　　　　D:60~69 分
　　　　　E(不合格)未达到工作绩效标准要求　　　　　　　　　　　　　　E:60 分以下

评价要素	评价尺度	权重	得分	事实依据
工作质量:所完成工作的准确度、完整性	10 8 6 4 2 A B C D E	20%		
生产率:单位时间内生产的产品数量	10 8 6 4 2 A B C D E	15%		
工作知识:实践经验及技术能力	10 8 6 4 2 A B C D E	10%		
创新性:创造性地使用某种方法,或改进流程	10 8 6 4 2 A B C D E	15%		
独立性:独立完成工作,无须监督或协助	10 8 6 4 2 A B C D E	10%		
……	……	……	……	……
最终得分:			最终档次:	

图尺度量表法的优点是实用性强而开发成本低,评价结果也较为客观,因此许多组织都使用这种方法进行绩效评价。

当然,图尺度量表法也存在一些不足。首先,量表不能有效地指导员工行为,

即量表不能清楚说明员工怎样做才能达到某个等级的评分。其次,量表所描述的是定义模糊、大概的个人特质,而非具体的、非威胁性反馈。例如,告诉员工他们工作态度存在问题,大多数员工都会感觉被冒犯;如果用具体的行动给出反馈:"上周有4位顾客投诉你未能及时处理他们的退货申请",那员工感觉会好一点,且有了改进的方向。另外,量表上的给分机制并未做出明确规定,所以很可能受考核者的理解偏差的影响,而得不到准确的结果。

二、行为锚定量表法

行为锚定量表法于1963年由美国学者帕特里夏·凯恩·史密斯和洛恩·肯德尔研究提出。行为锚定量表法是一种基于行为导向的评价量表,融合了图尺度量表法和关键事件的优点,在实践中被广泛应用。这种考核方法,可以对基于关键事件的一系列工作行为进行更为客观的描述。此方法的实施需要大量员工参与,所以它能更快被部门主管和员工所接受。

在行为锚定量表中,不同的等级代表不同的业绩表现,并用某一标准行为加以界定。某一等级上的特定行为被列举出来,一定程度上规避了其他考核方法的弱点,也便于进行绩效讨论。表6-7是一个行为锚定量表的简单例子。

表6-7 行为锚定量表法

姓名:		部门:	评价者:	评价时间:
评价指标:客户服务行为				
指标界定:积极维护客户,提供高质量服务				
评价等级		(1) 优秀	具有长期盈利视野,达成客户伙伴关系	
		(2) 良好	关注客户潜在需求,提供个性化服务	
		(3) 中等	与客户保持紧密而清晰的沟通	
		(4) 合格	能够跟进客户回应,有问必答	
		(5) 不合格	被动回应客户,拖延和含糊其词	
评价结果:				

开发一套行为锚定量表的过程通常分为以下五个步骤。

第一步,确定关键事件。由熟悉该工作的一组人,如考核者或部门主管,找出一些符合各个绩效水平的关键事件,并对其做出描述。

第二步,给出评价指标定义。将找出的关键事件合并为若干评价指标(通常5~8个),并对这些指标进行定义。

第三步，分配关键事件到对应的评价指标。让另一组同样熟悉该工作的人，重新排列关键事件，并分配到其认为合适的评价指标之中。如果第二组中半数以上的人对某关键事件与前一组进行了相同分配，那么就确定将该关键事件归入所分配的评价指标。

第四步，为各关键事件设定评价等级。由第二组人设定关键事件的等级（参考表 6-7，一般为 5~6 个连续或非连续的尺度），来作为每个评价指标的"锚定物"。

第五步，设计最终的行为锚定考核量表。将上述确定的评价指标和等级设计进考核量表，留一些空格以填写相关信息，并注意排版要简洁美观。

尽管行为锚定量表法的设计成本比一般的量表法要高出许多，适用的工作类型有限（适合于一些简单工作），但这种方法的优点也十分突出。这种方法下，各评价指标相对独立，评价尺度也更为精确，其行为导向型的考核方式也能为绩效改进提供良好反馈。但管理实践中，考核者根据量表中所列行为来判定员工绩效水平时，可能会有困难，因为有时一个员工可能兼有等级两端所描述的行为。由于人的行为的不稳定性，故即使用最科学的方法来设计评价尺度，也不可避免会出现两难的情况。

三、行为观察量表法

行为观察量表法是把描述评价项目的一系列有效行为作为考核者评价员工绩效的依据。使用此方法时，考核者根据员工做出各种有效行为的频率来评价其工作绩效。

一个 5 分的量表被划分为从"极少"到"总是"五个等级，并赋值 1 到 5 分，通过将员工在每项上的得分相加，得到该员工的绩效考核成绩，得分越高表示员工有效行为频率也越高，绩效表现则越优，见表 6-8。

表 6-8　行为观察量表

说明：判断员工在考核周期内出现以下有效行为的频率，参照给出的评定等级进行打分 总是=5 分　经常=4 分　有时=3 分　偶尔=2 分　极少=1 分		
项目	有效行为	得分
工作可靠性	有效率地完成工作任务	
	必要时帮助下属克服困难，完成项目	
	必要时愿意加班来完成项目工作	

续表

说明：判断员工在考核周期内出现以下有效行为的频率，参照给出的评定等级进行打分 总是=5分　经常=4分　有时=3分　偶尔=2分　极少=1分		
创新性	创新性地将所学知识运用到工作中	
	在工作中使用新方法来提升效率	
	为组织现有技术、流程等提出改进建议	
总分		

行为观察量表法可以看作行为锚定量表法和图尺度量表法的糅合。在行为观察量表法中我们首先要找出关键事件（或者说有效行为），并通过该事件或行为发生的频率来对员工做出绩效评价。前面我们曾指出，考核者根据量表中所列行为来判定员工绩效水平时，可能会有困难，因为有时一个员工可能兼有等级两端所描述的行为。而使用行为观察量表法时，这个问题将不会存在。

行为观察量表法将组织目标与所期望的员工行为相结合，因此能够为员工提供有效的信息反馈，有利于正确引导和监控员工行为。行为观察量表使用起来也十分便捷，成员参与性强，易被组织成员所接受。但是，这种考核方法也存在一定的缺陷：

第一，行为观察量表法的设计基于行为作为分析，且每一个职务的考核都需单独设计，需要花费大量的时间和精力，因此只适用于较为稳定、简单的工作。

第二，不同考核者对于等级程度"极少、总是"的理解具有差异，导致绩效考核结果的稳定性差，这跟图尺度量表法中所出现的理解偏差问题相类似。

四、因素考核法

因素考核法为每项绩效考核指标都设定相应的权重及分数，即每项指标都设定一个考核尺度，考核者依据员工的绩效表现进行评分，最后将各项指标得分相加即为考核成绩。此方法简单便捷，常设计成量表进行使用，比相对评价更为科学。

例如，我们可以对某工厂基层员工运用因素考核法进行绩效评价：首先，设定四个绩效考核指标，即出勤、态度、业绩、组织纪律，总分记100分；然后，为每个考核指标划分权重并制定如下标准，并以此作为评价依据。

（一）出勤

出勤占30%，分为优、中、差三个等级。全勤者为满分30分，员工病/事假一天扣2分，迟到/早退一次扣5分，旷工一次扣15分，旷工两次以上或缺勤15

天以上者不得分。

（二）技能

技能占20%，分为优、中、差三个等级。技能强，能独立工作、完成领导分配任务者评为优，若低于这个标准则评为中或差。在一个考核周期内，未能完成工作任务者扣10分。

（三）业绩

业绩占30%，分为优、中、差三个等级。积极性高、安全生产、完成或超额完成生产目标者为优，低于这个水平评为中，与水平差异较大评为差。在生产中出现一次安全或质量事故者扣10分，给公司造成较大损失的不得分；在考核周期内，未完成生产目标者扣10分。

（四）组织纪律

组织纪律占20%，同样分为优、中、差三个等级。员工遵守组织制度、服从工作安排、与组织成员团结互助者评为优，否则评为中或差。违反组织制度，或因相关问题被公司处理者一次扣10分。

上述四项因素中，优、中、差三个等级比例均控制在30%、60%、10%。

五、360°考核法

360°考核法也称为360°反馈，同上述其他方法一样，也是依据预先设定的标准和指标进行考核。360°考核法的优点在于，通过多维度绩效信息的获取、补充和比较，能得出更为准确的绩效结果。

工作行为通常具有多面性，不同的人从不同视角出发，观察到的方面也不同。实践中，许多公司将各种考核方法所得到的信息综合使用，制定了全方位（360°）考核和评价体系。360°考核结合了多个维度的信息，包括上司、同事、下属、客户等，这无疑使考核结果更为准确。360°考核系统最初是为管理发展和职业发展等发展性目标服务。后来由于其精准、全面等优点，360°又逐步被运用于绩效考核和其他管理中。

表6-9是美国通用电气公司使用过的360°考核表。考核内容被划分为多个项目，每个项目的标准也做了详细描述，上级、同级、下属根据这些考核标准进行评价。

表 6-9　通用电气研发中心 360°考核表

项目	考核评定标准	上级	同级	下属	其他
工作目标	• 清楚简单地使他人理解公司研发中心的工作目标，使他人清楚地了解组织的方向 • 激励他人致力于完成公司研发中心的工作目标，以身作则 • 想得远，看得广，向想象挑战 • 如果必要，需完善公司的工作目标，以防止不断加剧的变化影响公司的业务				
主人翁精神	• 在公司的所有活动中具有使命感，用积极的态度使他人了解公司碰到的挑战 • 用专业技能有效地影响公司及研发中心的行为和业务决策，无论成败，都敢于承担责任				
以客户为中心	• 听客户发表意见，把令客户满意作为工作的最先考虑，包括令公司内部的客户满意 • 通过多元化意识展示对业务的全面掌握和认识 • 打破壁垒，发展业务之间、功能之间、团队之间的相互影响的关系 • 做出的决策要反映公司的全球观及客户观 • 将速度作为一种竞争优势				
责任心	• 坚持公司道德的最高标准，服从并宣传通用电气和研发中心的所有政策				
廉洁正直	• 言行一致，受到他人的完全信任 • 实现对供应商、客户、管理层和雇员的承诺 • 表现自己坚持信仰、思想及合作的勇气和信心，表现自己对防止环境受到危害有不可推卸的责任				
鼓励最佳表现	• 憎恨/避免"官僚"，并努力实现简明扼要 • 不断寻求新方法改进工作环境、方式和程序 • 努力改进自己的弱项，为自己的错误勇于承担责任 • 为最佳表现确定富有挑战性的标准和期望，承认并奖励取得的成就 • 充分发挥来自不同文化、种族、性别的团队成员的积极性				
刺激变化	• 创造真正的积极变化，把变化看作机遇 • 积极质疑现状，提倡明智的试验和冒险				

续表

项目	考核评定标准	上级	同级	下属	其他
团队工作	• 迅速实施加以改进的好的工作方法 • 提倡发表不同看法，因为这些看法对积极变化非常重要 • 发挥既是一名团队领导，又是一名团队成员的积极作用 • 尊重团队成员的才智和贡献，创造一种人人可以参与的环境 • 热情支持团队，即使团队陷入困境当中，对团队的错误承担责任 • 解决问题时不疏远团队成员				
自信	• 承认自己的力量和局限，从团队成员那里寻求坦率的反馈 • 境况不佳时也能保持性情不变 • 公开诚实地和大家一起探讨问题，超越传统的边界分享信息，易于接受新思想				
沟通	• 向团队成员和供应商解释通用电气和研发中心的工作目标及挑战 • 本着公开、坦率、清晰、全面及持续的态度进行沟通，欢迎不同意见 • 和大家一起探讨开展一个项目、计划或程序的最佳做法 • 积极倾听，对团队成员显示真正的兴趣				
授权	• 敢于将重要任务交给下属去做，而不是只让下属做不喜欢做的事 • 给下属与责任相匹配的权利，并给他们完成工作必需的资源保证 • 促进下属和同事独立发展的能力，恰当的时候应将功劳归于他们				
发展技能	• 使工作/任务利于雇员的个人发展与成长，和团队成员一起分享知识和专业技能 • 确定富有挑战性的目标，以促进提高现有水平，开发新技能 • 给下属的表现和职业发展不断提供坦率的教导和信息反馈，并用书面形式记载结果 • 尊重每个人的尊严，信任每个人				

当然，目前也存在有关360°考核的争论。支持者认为，由于绩效评价是由多人共同做出的，因此更为真实可靠；此方法重视到了内部或外部客户，因此方便进行全面的质量改进；由于信息来自多维度，所以更为全面；此外，来自多方的反馈信息也有助于员工自我发展。反对者则认为，这种方法增加了系统的复杂性；不排除产生相互冲突的考核结果，尽管考核者在各自立场上都做出了正确评价；系统的有效使用需要必要的培训；出于某些复杂因素或仅仅是串通，考核者可能会做出与

实际不符的考核，影响最终考核结果的准确性。

尽管360°考核法还存在多种争论，但与传统考核工具相比，还是有其独特优势。一是这种方法较为客观，来自多方的绩效信息规避了权力滥用和主观偏差。二是加强了部门之间的沟通，增进了企业内部员工间的了解和合作。三是来自多方反馈的绩效结果能更为大家所接受，人力资源部门据此实施奖惩也更容易推行。

专栏6-2

美国的警察局若干年前有一个绩效考核指标就是：命案必破。命案必破，当你听起来，就会有一种安全感，很有保障。但现实却完全不是大家想象这样。现实世界里有些案件确实是暂时或很长一段时间都破不了的，但警局又有这样的任务指标压下来，该怎么办？这就不可避免会产生冤假错案。对于一般案件，如果立案，就要求破案率。有些地方，为了保证破案率会怎么办？一般案件能推就推，不予立案。这就是绩效考核没做好带来的后果。

启示：绩效考核工具的选择以及绩效考核指标的设定，会对员工行为产生直接影响，带来一系列连锁反应。因此，在设定绩效考核指标时，我们要考虑到，这个指标要鼓励什么行为，杜绝什么行为；在选择绩效考核方法时，我们要确保，考核行为不会导致与期望相违背的行为出现。绩效考核要为绩效管理和绩效改进服务，只有在绩效考核的各个环节明确这个目标，才能避免考核只浮于表面，使结果背道而驰。

第三节　描述法

描述法是指考核者用叙述性文字来描述员工在工作态度、工作业绩、工作表现等方面的绩效表现，以及必要的绩效改进事项，从而得出该员工的绩效评价结果。描述法为员工进行绩效考核和反馈提供了事实依据，多用于发展性评价。

描述法的开发和使用非常简便，实用性强，适合对单个员工进行绩效评价。但是，描述法依赖考核者的主观判断而非客观统一的标准来进行绩效评价，难以对众多员工进行公正考核，并且对考核者的文字功底有较高要求，所以通常作为其他考核方法的补充或辅助来使用。

根据所记录内容获方法的差别，描述法可分为：态度记录法、工作业绩记录法、指导记录法、关键事件法。

一、态度记录法

态度记录法，是一种由考核者考察员工的日常工作情况，并记录下其表现出的工作态度的评价方法。应该注意的是，考核者不仅要记录员工在工作态度上的优点和长处，同时，也要记录其不足之处，这样才能更好地将评价结果运用于对员工进行绩效指导。表6-10是工作态度观察记录法的一个示例。

表6-10 工作态度记录表

员工姓名		职位		部门	
直接上级		考核日期		记录人	
考核项目		具体事实情况			
		优点		缺点	
工作积极性					
责任感					
服务意识					
……		……		……	
指导意见					
评价对象意见栏		你是否同意上述记录及对你的评价，为什么？			
		若无其他意见，请在相应位置签字表示认可 被评价人： 日期：			

态度记录法非常简单且直观，对于每个评价维度的优缺点都一目了然，并且可以设置"评价对象意见"这一栏，来获得被评价员工自身的意见或看法，一定程度上也能规避记录者的主观偏差，使整个评价工作显得更为客观，见表6-10。

二、工作业绩记录法

工作业绩记录法需要考核者观察并记录被评价员工在工作中的实际表现和工作进度，并填写工作业绩记录表，在各个阶段都对员工所达到的工作业绩进行记录。另外，该表还可以用于记录遵守组织规章制度等方面的表现。这种记录法往往以某种目标为导向，表6-11是一个用于工作记录的量表示例。

绩效管理

表 6-11 工作业绩记录表

员工姓名		职位		所属部门	
直接上级		考核日期		记录人	
工作目标		进度		完成情况	
目标一		第一周 第二周 ……		……	
目标二		……		……	
……		……		……	
缺勤记录					
迟到或早退					

工作业绩记录法能直观地记录工作的进度和业绩成果，制作和使用成本都很低，适用范围广。此方法以目标为导向，既能使员工明确工作目标和方向，也方便管理者进行过程监控和进度把控。

三、指导记录法

指导记录法是一种上级将其对下属的指导意见和反馈记录下来，作为绩效判断或改进依据的方法，这种方法多被用于开发性评价。指导记录法设计简单、操作便捷，也可以和其他的考核方法结合使用。表 6-12 是一个简单的指导记录表格。

表 6-12 指导记录表

员工姓名		职位		所属部门	
记录人		填写日期			
时间	地点	具体事项	指导意见	改进目标	反馈

四、关键事件法

关键事件法由美国学者弗拉纳根（Flanagan）和巴拉斯（Baras）创立。关键事件（critical incidents）是指那些会对组织或部门的工作绩效产生正面或负面的重大影响的事件，一般分为有效行为和无效行为。关键事件法要求考核者观察并及时记录被评价员工工作中的关键事件表现，是一种最常见且典型的描述法。

关键事件法的步骤分为以下四步。

第一步确定某个职位或某项工作的关键事件。

第二步根据所确定的关键事件，来记录员工在该时间上的实际表现。

第三步根据记录进行摘要评分。

第四步与员工进行评估面谈，纠正员工的行为表现。

关键事件法的突出优势体现在其能够给予员工明确的绩效反馈，以指导员工行为。此方法以事实而非抽象的行为特征作为依据，能够帮助考核者更客观、实事求是地进行绩效评价，不会挫伤被评价员工的积极性，因为低评价只针对其工作行为而非人格。且这个方法能够明确指出低评价的特定行为，在益于绩效改进的同时也容易得到被评价员工的认同。此外，关键事件法还有设计成本低、参与性强的优点，被广泛应用于管理实践。

需要注意的是，关键事件法常常是作为其他评价方法，特别是各种量表法的补充方法来使用。如果单独使用，会出现一些弊端。比如，难以全面记录复杂工作的所有关键事件，也无法对部门内员工进行横向比较，而且记录关键事件非常烦琐，应用成本较高。此外，由于评价报告是非结构化的，也难以避免评价误差的产生。

从上述几种具体方法的介绍中可以看出，描述法核心优势在于其为绩效考核和反馈提供了充分的事实依据。因此，描述法有效性的关键在于必须确定考核者所记录的内容是客观、准确的。通常不主张单独使用描述法，建议与其他评价方法结合使用，以相互补充，达到绩效考核目的。

专栏6-3

相传，位于美国华盛顿的一座著名大厦，因年久失修，建筑表面出现裂纹。为了保护好这座著名大厦，有关专家对此进行了研讨。

起初，大家认为建筑表面是遭到酸雨的腐蚀和侵害。专家们继续研究却发现，直接导致建筑物墙体受侵蚀的是每天冲洗墙壁所用的清洁剂，因为清洁剂成分对墙本会产生酸蚀作用。而之所以每天清洁墙壁，是因为墙壁上每天都有大量鸟粪。而鸟粪堆积的源头，是大厦四周聚集的大量燕子。而燕子的聚集，则是因为墙壁上有众多其爱吃的蜘蛛。蜘蛛众多的原因，则是为了捕捉大厦周围的美味飞虫。而飞虫在此出现并迅速繁殖的原因，是这里的尘埃适宜飞虫繁殖。而适宜其繁殖的原因，是大厦开着的窗户阳光充足，引得大量飞虫聚集于此，迅速繁殖……由此大家发现，保护大厦最简单的方法，只需拉上大厦的窗帘。而专家们研讨出来的许多复杂

而翔实的方案也就无用武之地了。

启示：绩效面谈是绩效管理中的重要环节，通过绩效面谈帮助员工找出问题的症结所在是经理帮助员工改进绩效的重要技能。管理实践中，经理们常常无法准确地帮助下属找到问题的根本原因，他们通常浅尝辄止，简单询问若干问题后，就着急下结论，开始制定起解决方案。

复习思考题

1、绩效考核方法可以分为哪几个类型？依据是什么？
2、相对评价包含哪几种具体的绩效考核方法？
3、量表法有哪几种具体的方法？
4、用关键事件法进行绩效评价的步骤有哪些？
5、怎样开发一套行为锚定量表？
6、360°考核法有哪些优缺点？

案例分析题

海底捞的绩效考核

1. 绩效考核注重过程与公平

海底捞认为，"利润只是做事的结果，事做不好利润不可能高；事做好了，利润不可能低"，所以他们不考核利润。但不考核并非不关注，海底捞的绩效考核更注重的是利润取得的过程，过程做好了，利润自然低不了。

海底捞对门店的考核采用的是分区考核法。由于每个区打分标准不同，海底捞就用绝对等级标准进行判断，分为A、B、C三个等级。设立这个等级机制好处在于，能激发门店的危机感，促进店与店间的良性竞争。因为当等级较低时，门店会自发从各方面进行绩效改进。

2. 体现战略的考核指标设置

海底捞的战略是尽一切可能提升客户满意度，所以海底捞从客户满意度、员工积极性、干部培养这三个指标来考核每家门店，这些指标都是围绕其战略而设定的。海底捞相信"客人是一桌一桌抓来的"，而只有员工满意了，才能为客户提供超常的服务，所以员工积极性的提升至关重要。而只有合格优秀的干部，才能培养出令客户满意的员工。这三个指标相互依赖，环环相扣。

3. 绩效管理的关键是中层干部

海底捞考核"客户满意度"，并不通过对客户的直接调查，而是派小区经理直接到门店巡查。小区经理经常与店长、员工进行沟通，来获取熟客的数量变化、客户的偏好变化等绩效信息。而对于员工满意度，同样通过上级判断进行考核，同时也建立了一套验证流程，如抽检和匿名访客等方法对门店的考核进行复查。此外，海底捞也建立了越级投诉机制，当员工认为上级不公，尤其是人品方面的瑕疵时，员工可以随时向再上级，甚至大区经理和总部进行投诉。不难看出，懂行的管理者，是海底捞绩效和门店管理的关键。

4. 绩效管理坚持人性第一标准

许多企业把绩效考核当作检验、监督和控制员工的工具，企图通过硬性的指标控制来代替管理。海底捞的经验启示我们，绩效管理要想取得好的效果，必须基于人性。员工不满意，就无法提供令客户满意的服务。只有真诚了解员工心理和诉求，才能找到激励员工的最好方式。海底捞相信，客户的高满意度、员工服务的高要求、员工激励的高信任是相互依存的。所以海底捞不以利润为考核指标，不以利润为终极导向，但在服务客户过程中却收获了利润。

分析与讨论：

1. 海底捞的绩效考核与传统绩效考核有哪些差异？
2. 结合本章绩效考核方法的知识，请你为海底捞的中层、基层员工找出其工作中的关键事件。

第七章　绩效反馈

章节导读

在整个绩效工作完成后，公司在足够的绩效信息的支持下开始对员工的绩效工作做出考核，并给出考核结果，这些结果会通过各种正式的或者非正式的渠道反馈给员工。而其中最重要的就是采取面谈的方式来进行通知，这不仅是简单的告知行为，在这一流程中，需要管理者和员工都做好准备，特别是心理上的准备。此外，无论是管理者还是员工还要对工作中的绩效信息进行回顾，明确发现在前面的绩效工作中所存在的问题和优点。

通过绩效面谈可以肯定员工在绩效工作中的积极性并加以鼓励，但同时也要指出在绩效工作中所出现的不足，这是促进公司发展的重要机会。但部分公司在发展过程中，会把这些结果仅仅只是作为通知来告知员工，没有进一步的利用起来，也不知道这些考核结果中蕴含着提高未来绩效的信息，来提高员工未来的工作能力。所以，绩效反馈和绩效改进的重要性就被体现出来，除了上述的提高员工的工作能力和组织绩效外，这些措施还可以确保组织考核的公平性和公正性，因为虽然收集到了相关数据作为支撑，但是由于信息不可能完全收集完成，也会导致整个考核结果出现偏差。通过组织的反馈和申诉机制则可以减少这种偏差的发生，推动考核的完善，最终实现组织的发展。

学习目标

通过本章学习，了解绩效面谈中，管理者和员工需要做哪些准备，绩效反馈的形式、绩效反馈的有关内容，掌握绩效反馈的定义和意义，绩效面谈的含义、原则和作用，绩效面谈在绩效反馈中的重要作用以及绩效改进的含义和措施，熟悉绩效面谈的重要地位、绩效改进的指导思想以及组织和员工的改进。

不弄清什么是正确的，就无法区分正确的妥协和错误的妥协。

——［美］彼得·德鲁克

> **关键概念**

绩效反馈　　　　　Performance feedback
及时性原则　　　　Principle of timeliness
绩效反馈面谈　　　Performance feedback interview
绩效改进　　　　　Performance improvement
六西格玛管理　　　6 sigma
绩效申诉　　　　　Performance complaints

第一节　绩效反馈的含义与形式

一、绩效反馈的定义

由于反馈的信息通过合理利用,就能够改善组织原有的绩效,所以在实践中绩效反馈的重要性也越来越被组织所重视。将绩效反馈成功运用于组织发展,能够提升组织的适应能力,从目前的专家学者来看,关于什么是反馈还存在争议。但目前认为反馈并不是单向的、静止的、一成不变的,而是一个双向的动态过程,主要由三部分组成:反馈源头、反馈信息的传送以及反馈的最终接受者。所以从反馈的角度而言,绩效反馈是绩效管理过程中的一个重要环节。它主要通过组织与员工之间的沟通,对员工的考核周期内的绩效情况进行反馈,在肯定其工作成绩的同时,指出员工工作中的不足并要求在下一个任务周期中加以改进。员工可以在绩效反馈过程中,对考核者的考评结果予以认同或者提出异议,有异议的向公司高层提出申诉,并且推进组织整体的绩效反馈进一步完善,最终使绩效考核结果得到认可。

二、做好绩效反馈的意义

绩效反馈在绩效管理中发挥着重要作用,考核结果应该被被考评的员工及时知晓,否则考核将失去极为重要的激励、奖惩的功能,而且其公平和公正性难以得到保证,引起员工对绩效考评的不认同,从而导致工作懈怠。所以绩效反馈有以下意义。

1. 绩效反馈是连接公平和公正的一座桥梁

由于绩效考核与被考核者的利益联系紧密,所以考核结果是否能够公平公正就成为被考核者关心的焦点。从整个绩效实施的过程来看，是由考核者实施的行为，所以在这一过程中不可避免地会掺杂自己的一部分想法，因此需要其他措施来进行改善。而绩效反馈较好地解决了这个矛盾，它不仅让被考核者更加主动，而且使被考核者在整个绩效考核过程中拥有对自身绩效的知情权和发言权；同时，如果发现有什么问题，那么可以通过绩效反馈甚至是通过程序化的绩效申诉，尽可能减少了考核过程中不公正因素，所以，绩效反馈在被考核者与考核者之间找到了平衡点，而且还可以促进整个绩效管理体系的进一步完善。

2. 绩效反馈能够促进组织和员工的绩效增长

绩效考核的所有过程结束后，会通知被考核者获取考核结果，而整体上来看，被考核者在很大程度上并不了解考核的结果是如何得出的，这时就需要考核者就考核的全过程，特别是被考核者的绩效情况进行介绍，指出被考核者在绩效实施过程中的优缺点，并为下一次提升绩效积累相应的改进的经验。

3. 绩效反馈可以促进员工与组织的目标统一

组织由员工组成，所以在同一时期组织内往往存在两类目标：组织目标和个体目标。组织目标和个体目标的一致，能够促使个人积极行动，在实现个人目标的同时，完成组织目标；反之，会产生负面影响，如个人追求自身目标会影响组织目标的实现。但在这两者之间，应该将组织目标放在主导地位，这就使得个体目标应处于次要地位。所以，在绩效反馈的过程中，可以通过对绩效考核过程及结果的探讨，发现个体目标中与组织目标相冲突的点，运用激励或者惩戒手段，引导个体目标朝着组织目标方向发展，最终实现组织目标。

三、绩效反馈的形式

1. 按照反馈方式分类

绩效反馈的方式是多样的，但我们最常见的是通过语言沟通、奖惩等方式进行。

语言沟通是指管理者将绩效考核通过口头或书面的形式反馈给下属，对其良好的绩效加以肯定，对不良业绩者予以批评，并对其在实施绩效计划的过程不足之处提出建议；奖惩方式是指通过采取正向或者负向的物质、精神、名誉等形式对被考核者的绩效进行反馈。在反馈的流程中，奖惩方式与员工的利益息息相关，能否起到激励的作用是最为直接。语言沟通在反馈过程中最为直接，能使双方彼此在沟通交流中及时了解对方反馈的建议或者意见，避免了激励不足或者激励过度的情况出现。由于这种方式并没有实质性的奖励，对与刚入职的员工可能作用较大，而对于工作年限较长的员工则作用较小。而直接的奖惩则直接影响员工的利益，影响员工在日常工作中的状态，从而实现公司经营发展目标。

2. 按照反馈中被考核者的参与程度分类

绩效反馈根据被考核者参与程度分为三种：低参与、中参与、高参与。"低参与"式是最接近传统的一种反馈模式，对管理者来说，这种方式的接受程度高，操作便捷。其主要特点是管理者直接告诉被考核者：要做什么不要做什么以及如何做什么。被考核者只需要按照管理者的要求去做事情，不需要加入更多的个人思考。这种方式人们很容易产生反感的态度，因为它以管理者为中心而不是以员工为中心。"中参与"式通过将教与问相结合，同时以考核者和被考核者为中心，开始让员工开始思考自己工作。"高参与"的特点是以问为主、以教为辅，完全将被考核者放置在绩效反馈的中心。被考核者要重视考核者的反馈，减少自己的观点对被考核者的影响。这个过程中是被考核者独立地找到提高工作绩效的方法，通过问题的形式，使被考核者发现更好的措施来提高工作的绩效。

3. 按照反馈的内容和形式分类

内容和形式是事物的两个最主要的方面，好的反馈应该是由内容去决定形式，而不是形式去决定内容，不然会限制好的绩效内容涌现。根据反馈的内容和形式，我们可以将绩效反馈分为流程化反馈和非流程化反馈两类。流程化反馈是由公司在反馈之前就事先计划和安排的，有具体的流程作为参考如定期的书面报告、面谈。非正式反馈的形式多种多样，甚至是不会有固定的流程来进行限制，这样使得员工与管理者能够更加方便地在一起交流，其开展的场景也更加的丰富，如日常闲聊、走动式交谈等。

四、绩效面谈在绩效反馈形式中的重要地位

虽然绩效反馈的形式多样，但在公司的实际运行过程中，其最主要的形式是绩效面谈，同时也是一种积极的沟通方法。良好的绩效面谈是保证绩效反馈顺利进行的基础，是绩效反馈发挥作用的保障。在绩效面谈的过程中，可以让被考核者清楚了解自身的工作绩效，发现自身不足的同时强化自身优势；还可以进一步将企业的期望、目标和价值观向员工进行传递，强化员工利益与企业利益的连接。总体来看，绩效面谈的作用是多方面的：企业可以提高绩效考核的公平性和公正性；员工不断在工作中发掘自身能力，弥补自身不足等。

专栏 7-1

一天，孟子带高子到郊外的山上去散步。孟子故意带他走一条山间小道。孟子一边走一边问高子说："你知道这条小路是怎么来的吗？"高子回

答说:"是人走出来的。"孟子说:"对呀,如果再有人不畏山路崎岖,披荆斩棘,那么它会变成一条很宽敞的大道。"孟子又带高子走到一条杂草丛生的小道上,继续说:"如果有一条小路,很久没人去走,那么这条路就会像现在这条路一样被茅草堵塞。现在,茅草不仅堵塞了这条小路,而且茅草也把你的心堵塞了。"高子听后,一下子解开了心中的疑惑,茅塞顿开。

启示:绩效反馈的作用也是如此,管理者通过对员工进行反馈,帮助员工明确自己在工作中有哪些优点和缺点,解决员工在工作中一直存在的重点和难点,通过与员工交流,使其能够理解绩效考核结果的由来,让部分对绩效结果不满的员工接受自己的考核结果,进而积极投身到下一个工作周期中去。

第二节 绩效反馈面谈

绩效反馈面谈,指考核者与被考核者之间,在绩效工作完成后共同针对绩效评估结果所做的检查与讨论。现代绩效考核涵盖一整套复杂的流程,包含考核体系设计、反馈奖励指导与绩效改善等一系列动态发展,且螺旋上升的过程,从员工的个人目标等具体环节上进行干预和指导,使其符合企业的发展方向、提高企业的运作效率和效益、提升企业的核心竞争能力,以适应不断变化的环境。相较于传统绩效评估,绩效反馈面谈是各级主管人员了解员工现阶段发展状况、增进上下级感情、提升员工绩效的有效工具。由于管理者日常的重点放在工作上,往往缺乏合适以及足够的时间与员工进行有效的绩效面谈。所以在这一过程中,也为了节约时间,部分企业只会用很少一部分时间进行沟通。不仅如此部分管理者在绩效面谈过程中流于形式,强调以和为贵,所以极其敷衍。在现实中,这种情况时常在企业运作中发生,如果管理者没有及时发现并将其纠正,势必造成相关的管理者在日后工作中的被动。因此,如何认识绩效面谈的重要性,并掌握相应的沟通艺术对管理者来说至关重要。

二、绩效面谈的原则

(一) 绩效反馈面谈的原则

绩效反馈面谈能否发挥作用，决定着绩效考核的效果及激励、奖惩与培训等功能的有效发挥。作为绩效反馈面谈的实际操作者，各级管理者在绩效反馈面谈中应掌握以下原则：

1. 及时性原则

绩效反馈面谈应开始在问题发生之前，不要等到问题已经恶化，且难以改变或者事情的时效性已过才进行干预，这时的干预不仅使绩效面谈的作用难以发挥，所以在问题处于萌芽阶段时的善意提醒会使被考核者更加乐意接受，并且进行及时的改进；而长时间后在进行干预，则容易让别人产生逆反心理，并且疑惑为什么当时没有指出来，从而导致工作出现不适。

2. 对事不对人

绩效反馈面谈时应严格遵守对事不对人的基本原则。整个流程仅仅针对所发生的具体事情提出批评，切勿从不当工作行为中引申出个人素质方面的指责，如斥责员工低能等，这样会引起员工的强烈的抵触情绪。虽然某些严厉的措辞可以触动职工，使之能认识到问题的严重性，进而促使员工努力工作，但实际效果往往适得其反，此类做法除了引发被批评者反感与抵制心态，导致员工作效率下降外，并无其他更多的作用。绩效考核的目的是控制和影响员工的行为，纠正员工工作中与组织目标相冲突的行为，所以反馈面谈的主要内容应该是员工绩效的客观事实，引导其发现自身行为与绩效计划之间的差距，让他能够明确后期的绩效执行过程中再改进方向。如果不谈实际绩效，而是着重于员工与员工的态度等行为，对员工今后的绩效改善、行为纠偏没有指导意义。

3. 以事实为依据

绩效反馈面谈应该具体化，就有关评估仔细说明，如过于笼统往往不易使人接受，反而引起员工对管理者的质疑，所以在面谈时，应该指出员工在工作中的一系列具体问题："你在完成某项计划时，没有严格遵循组织×××规定，需要你重新再去看一下相关的操作细则"，这样说可以使员工清楚自己之所以受到批评的具体原因是什么，使之能够虚心接受，并且运用到实际的工作中去。当然，在必要时，也可以用之前收集到的绩效信息来印证考核结果。

三、绩效面谈的作用

为了保证组织在复杂多变的市场环境中不断发展，所以组织十分重视员工的绩效评估和考核。这些组织也都希望在绩效评估后，能通过绩效面谈的形式，将员工工作周期内的绩效表现反馈给员工，使员工充分了解在过去工作中的优点和缺点，以改进员工的未来发展，提升员工的能力，并且为员工提供一个与组织管理者良好沟通的机会；组织管理者与员工通过对未来发展的规划与目标的沟通，与主管、员工个人讨论这些计划如何开展，并为员工开展计划提供必要的建议与协助。从现实来看，部分主管或员工常常将绩效面谈看成是一个双方相互争论的环节，其目的在于找出员工缺点并进行批评，并且对员工的质疑进行反驳，因此，导致双输的结局。事实上，这是一个非常错误的观念，因为，绩效面谈的主要目的是希望通过主管与员工的双向沟通，提高员工的工作绩效，让企业能够发展得更健全。所以，正确的绩效面谈应该是主管、下属双方都能打开心扉，彼此以坦诚的态度，齐心协力地解决所出现的绩效问题，以达到绩效面谈双赢的目的。

1. 以绩效信息为基础，让员工服从绩效考核结果

在绩效面谈活动中，如何与员工谈论负面的绩效信息是面谈时非常棘手的问题，负面信息反馈处理不好往往会引起员工不满的情绪，产生不以为然甚至是不服的抵触心理进而影响到他们在日常工作中的积极性。从实际来看，即使绩效考核的结果是非常准确地、实事求是的，也仍然有不少职工会感到绩效评估不尽如已意，远低于自己的预期，相对于其他同事所得的结果而言不够公平，进而产生消极对待反馈信息与抵制心理，这种差异是导致绩效面谈受影响的直接原因。如何有效打破职工在绩效反馈面谈时的自我防卫心态，促使职工认真听取绩效反馈意见，虚心接受一时之间有些自感不适的负面信息，需要管理者在考核时充分的收集绩效信息来作为支撑。

2. 推动员工能力的不断提升

通过绩效反馈面谈，管理者可以实施内部控制，进一步了解员工的工作能力，掌握员工在工作方面的优点和特长，所以通过绩效反馈面谈，员工可以进一步发现自己的差距和不足，表达对于完成任务的想法和意见；通过绩效反馈面谈，上下级可以双向沟通，共同制定绩效改善计划并提高员工的工作能力，从而建立管理者和被管理者成为良好的绩效伙伴关系，为进一步的工作和新一轮的绩效评估奠定坚实的基础。

3. 满足员工需求，调动工作积极性

绩效反馈面谈是一种调动员工积极性的重要手段，使用得当，可以对下属产生

激励,反之,则成为员工消极的来源。要搞好对员工的激励工作,领导人员必须了解人的动机和行为。领导只有调动员工的积极性才能顺利地实现组织目标,提高组织绩效,减少员工在工作中所产生的问题。人的行为和动机属于心理学范围,许多学者进行了大量的研究。从行为学派出发,绩效考核就是对人们行为或行为结果进行的考核。绩效反馈面谈就是以面谈的方式将绩效考核的结果告知被评估对象,并将其中的利弊告诉被考核对象,并对其在后续工作中的行为产生影响。

四、绩效面谈的准备

用绩效面谈的形式对员工产生反馈是十重要的,但部分管理者在谈到绩效面谈都觉得是流于形式,主要的原因如下:首先,是绩效面谈的作用没有被清楚的认识,而且在日常生活中没有充分发挥作用,就认为绩效面谈是无用的;其次,是整个公司的管理幅度比较低,当管理者要谈绩效面谈,员工会将其视作一个流程而不加以重视。最后,就是对绩效面谈的技巧和方法还不太掌握,这导致管理者在绩效面谈时会处理能力不足,特别是在处理员工的负面绩效时。在实际中,会出现这种情况,如果打的分高,大家都高兴,就不需要去再谈了?打的分低了的话,大家心里都不痛快,导致无法改进,而且心里很有情绪。要推动问题的解决,就要开始做好各项准备。第一步就是做好面谈的准备工作,绩效面谈对管理者和员工而言,是一件比较严肃的事情,不能够像日常生活中一样进行普通交流。为此,主管在准备和员工进行面谈前,必须先明白您要通过面谈达到什么目的?要向员工传达哪些消息?通过此次面谈需要解决什么问题?明确了面谈大致方向,接下来就要准备一些细节的问题了,以促使绩效面谈的最终成功。

(一) 主管的准备

1. 合适的面谈时间

合适的面谈时间并不单单指管理者自己的时间,而是应该要考虑下属的时间安排,两者时间都合适时,才是合适的时间,这样才能减少双方之间的矛盾,面谈是双方进行沟通的过程,最恰当的时间应当是双方都能匀出来的这段时间,这样大家才能静下心来,充分地进行沟通,而不会受到其他事情的干扰。在确定面谈时间时,最好先由管理者提出一个时间进行安排,然后再征求下属的意见,这样既能表现出对员工的尊重,又能考量到双方的实际情况,有助于双方把手头的事情安排好。

2. 合适的面谈地点

为了更有效地进行绩效面谈,最好选择一个合适的面谈地点,而其中最重要的

就是安静的环境,不能太过嘈杂。在组织中,一间单独的办公室,可以说是比较理想的面谈选择,但需要注意的是:当进行谈话时,尽量选择单独谈话,以减少由于人数过多而带来的紧张感,而且不要让别人看到面谈的过程,这样可使双方,尤其是被考核者感到轻松一些。

3. 面谈的情景准备

面谈的情景准备不仅是指对现场场地的布置,而且还包括管理者心理上的准备,也就是要管理者充分估计在面谈时,员工可能出现的情绪和行为。管理者需要提前了解员工的性格,心态,预计考核结果可能对身心的影响,如果在面谈过程中员工出现情绪低落,或愤懑、激动时,主管要有能力和技巧稳住局面,安抚和激励员工。

(二) 员工的准备

面谈的整个过程可能要占几小时,具体需要看双方的沟通内容以及效果,面对绩效面谈,员工也需提前将自己的工作安排好,不能完全地放任不理;简单来说,绩效反馈面谈是一个双向交流的过程,员工在之前需准备好向主管人员提出的问题,这些问题主要涉及在完成目标任务的过程中你所遇到的问题;绩效反馈面谈不仅要重视过去的表现,更要重视将来的发展,所以要求员工准备好未来发展计划;由于在绩效反馈面谈的过程中员工需要根据自己的工作目标逐项陈述绩效情况,并指出里面的优点和不足,需要充分准备好表明自己绩效的事实依据和资料。在每次正式的绩效面谈前,员工需自己回答以下问题。

1. 我在整个过程中采取了什么行动?
2. 我在这一过程中有什么发现?
3. 我建立了什么合作关系?
4. 我在这个过程中发现什么优缺点?
5. 我在组织中的未来发展规划

专栏 7—2

鸟儿们聚在一起推举它们的国王。孔雀说它最漂亮,应该由它当,立刻得到所有鸟儿的赞成。只有穴鸟不以为然地说:"当你统治鸟国的时候,如果有老鹰来追赶我们,你如何救我们呢?"孔雀哑口无言。

启示:在考核沟通之前,管理者要做好充分的准备,尽力想到任何员工可能提出的问题,并制定应对策略,否则当绩效面谈时。由于管理人员没有充足的准备,可能导致员工的疑惑无法解答,只能搪塞过去,如果一直保持这种状态,则会使员工难以充分认识到工作绩效中所出现的各类问题,质疑考核的公正性。

第三节　绩效改进

绩效改进是绩效管理过程中的一个重要环节，能够不断提高绩效管理的质量。以往的绩效考核的重点目标是通过对员工的工作业绩进行考核，将考核结果作为确定员工薪酬、奖惩、晋升或降级的标准，不注重对经验的总结。而现代绩效管理的目的不仅要对过去进行经验总结，而且重点放在员工能力的不断提高以及绩效的持续改进上面。所以，绩效改进工作的成功与否，是影响绩效管理过程能否发挥效用的关键。所以绩效改进计划实际上是管理者和员工在绩效反馈面谈中就员工绩效达成一致后形成的书面计划，在绩效反馈面谈后的具体实施措施。

一、绩效改进的指导思想

作为组织的管理者，要实现绩效改进，首先必须明确它的指导思想，绩效改进的指导思想主要体现在以下几点。

（一）绩效改进是横跨现实与未来的桥梁

绩效考核是衡量员工的工作是否满足此前制定的绩效计划，而非员工与员工相比，因此，绩效改进的需求，应当是在此前的基础上，进一步将员工能力与工作能力相匹配。绩效标准的确定应该是客观的，这是由于组织的绩效计划制订不是主观任意的，只有找到标准绩效与实际绩效之间的差距，更多立足于员工能力、现实环境等方面，才能明确如何进一步去进行绩效改进。如果组织通过员工之间比较进行的考核，只能恶化员工之间的关系，增加组织的运营成本；而通过人与标准进行比较的考核，由于有了客观评判的标准，员工从心理上更能接受这种考核方式。

（二）绩效改进应成为日常生活工作中的一部分

绩效改进实施后，不仅仅是组织管理者的职责，而且应该成为主管人员日常工作和生活的一部分，主管人员不应该把它当成一种负担而随时抱怨，更应该把它看作是一项日常的管理任务来对待。这需要组织中畅通管理者和员工的沟通渠道，以及建立和巩固团结合作的文化氛围，只有在这种情况下，员工才能够及时得到来自管理者的改进建议，最终使得绩效改进的作用发挥。

二、绩效改进计划

绩效改进计划就是制定一系列具体措施去提高员工的绩效，包括做什么、谁来做、何时做，在管理者的帮助和员工的自我思考下，实现组织所订立的绩效目标。一个合适且有效的绩效改进计划应满足下列几个要求。

（一）符合组织和员工实际

为了使绩效改进计划真正能够得到众人的认可并积极推进下去，在制定绩效改进计划的时候必须要坚持一条原则，以事实为基础制定组织的绩效改进计划，这些事实依据来自此前计划执行的过程所收集到的绩效信息，通过员工的共同沟通中，将绩效改进计划落到实处。为了检查绩效改进的效果是否充分发挥，管理者应在绩效改进的不同阶段对要求改进的员工进行考察，在考察中如果发现新的问题就需要及时做出反馈，并进行修正，确保绩效改进工作朝预定的组织目标方向发展。

（二）计划要有时限性

绩效改进计划的实施必须要有明确的时间的限制，不能模糊实现时间，通过制定一个具体的时间表，注明每一阶段要改进哪一项绩效，并制定相应的奖惩措施，来鼓励员工积极改进。有了时间表，员工行为就有了时间对照标准，也避免计划流于形式，对于超出时间仍未实现的绩效计划，那么需要重新评估绩效改进计划的可行性与员工的能力。

（三）计划内容要具体

在绩效改进的整个流程中什么时候应该做什么事必须让每一个管理者和员工都清楚明白，不要制定大且空的目标。目标具体可操作，员工才有一个指导方向共同努力。反之，目标也不能不切实际地拔高。员工对这样的目标自然也提不起热情，因为谁也不会对不可能发生的事情感兴趣。

（四）计划要获得认同

绩效改进计划必须得到双方的一致认同才有效，才能确保计划的实现。绩效改进者要感觉到这是他自己的事，而不是上级强加给自己的任务。为了得到员工的认可，主管人员必须通过种种宣传手段使员工明白绩效改进工作的目的和意义，消除员工的疑惑和顾虑，争取员工的支持。

三、组织和员工的改进

（一）员工绩效改进的过程

改善员工绩效通常采用的几个步骤是：第一步，主管人员与员工都认为需要对绩效计划进行改进。有些时候，主管人员虽然发现员工存在绩效问题，但是员工和管理者并不认为这是个问题，更不需要花费时间去进行改进。所以主管人员应让员工认识到绩效问题的存在，并且让他们认识到他们的绩效问题会对自己的利益产生影响，而且这些影响会随之扩大到组织。对组织产生的影响主要指员工个人的不良绩效可能对组织中他人的工作、组织的客户等产生的不利影响。第二步，剖析为什么会产生绩效问题，员工的绩效改进问题的原因是复杂的，既有内在的能力等方面，又有来自外在的如组织制度等。第三步，明确改善的目标。绩效改进时必须准确地说出员工的改进方向，而且员工也应该认同并支持这一目标，并将改进视为提高自身收益的一种方式方法。第四步，管理者和员工共同探讨解决绩效问题的途径。主管人员应与员工商定采取何种手段来影响绩效改进的过程，要让员工了解他们必须对自己的行为负责。第五步，肯定员工已有成就，并鼓励其继续努力获得新的成就。取得任何绩效上的成果都应该得到鼓励，当员工行为开始有所改善时，主管人员应该及时进行认可和称赞，并支持其继续改进。

（二）组织改进

1. 绩效诊断与分析

绩效诊断与分析首先要通过分析组织得出来的绩效考核结果，找出在绩效实行过程中关键绩效问题和出现不良绩效的员工。关键绩效问题是在整个绩效实施周期内能够影响组织绩效能否如期完成，具体来看就是导致实际绩效与期望绩效之间的差距出现的问题。其次是针对关键的绩效问题，考虑组织目前的资源和绩效责任主体的综合情况下，大致确定下一步绩效改进的方向和重点，为绩效改进方案的制定做好准备。

2. 组建绩效改进和监督部门

组织在现有条件和资源的情况下，应组建专门的绩效改进和监督部门来具体负责绩效改进工作，以确保组织绩效改进落到实处，具体的部门人员结构由开展绩效改进的内容和需求确定，如果绩效问题比较严重，对部门的人员数量、质量等要求会更高，如果出现组织内部难以解决的问题时，还需要外部组织或人员介入以实现组织改进。

3. 选择合适的绩效改进工具

(1) 组织在选择具体的绩效改进工具的时候，应该根据组织的发展实际进行选择。六西格玛管理常被写成 6δ 管理或 6sigma 管理。西格玛"δ"是希腊字母，是在统计学上用来表示标准差的符号。标准差是用来表示任意一组数据或流程中离散或差异程度的指标。六西格玛即指"6 倍标准差"，在质量上表示每百万个产品的不良品率少于 3.4%。六西格玛管理的基本思路是，以数据为基础，通过数据进行数据分析，揭示组织生产中的问题，并把揭示的问题引入统计概念中去，再运用统计方法提出解决问题的方案。其核心是建立输入变量和输出变量之间的数学模型，通过对输入变量的分析和优化，改善输出变量的特性。

(2) ISO 质量认证体系是一个产品符合性模式，目的是为了在市场环境中保证公正，从而集中弥补质量体系的缺点和消除产品的不符合性。组织要建立 ISO 质量认证体系应遵循以下的要求：①以顾客为中心。②发挥领导作用。③全员参与。④过程方法。⑤过程的系统方法。⑥持续改进。⑦基于事实的决策方法。⑧与供方的互利关系。

4. 选择和实施绩效改进方案

组织一旦明确了期望绩效和现实绩效之间的差距，那么在选择了合理的绩效改进工具后，通过与组织实际发展相结合，就能够很好的提高现有的绩效，促进组织和员工的共同发展。但实践表明，绩效问题是复杂的。部分时候单一的工具无法实现所需要的绩效改进，所以需要几种改进措施同时进行。

5. 进行改进管理

改进方案成功与否是要看组织对改进过程的管理。改进意味着组织和个人的某些方面的改变来适应新的发展，而改变会遇到阻力。主要的阻力来源于利益冲突或者对于问题的处理态度等方面。在设计改进方案时就需要尽量全面考虑其实施过程中可能遇到的各类障碍，并事先想好处理方案。一般而言，在高层领导者的支持下，通过充分的宣传和沟通，让员工充分了解后，再加上严密的实施步骤，才能保证改进成功。

6. 绩效改进结果评估

在改进方案实施之后，并不意味着组织的改进计划的完成，还需对改进的方式进行相应的评估，以确定其是否实现了减少绩效差距的目标。评估结果将反馈回组织观察和分析过程之中，从而开始新的循环过程。

四、绩效申诉

在绩效考核的流程中，由于绩效信息难以做到全面收集，这导致在考核时不可能完全避免有争议的考核结果的出现。所以为了保证绩效考核的公平性和公正性，有必要建立科学的绩效申诉与争议处理制度，来保证员工的利益，当被考核对象对评价结果存在异议时，可以通过组织设立的正式途径进行申诉，维护自身的权利。

所以绩效申诉指被考核对象在对考核结果持有异议时，依照组织的规定或者程序向有权受理申诉的部门提起申诉，受理部门依照相应的流程对考核过程和结果进行回溯，确保结果的准确性。由于绩效考核的过程会受到诸如考核标准模糊不清、主观效应等主客观因素的影响，使得考核结果可能与真实结果之间存在或多或少的差距。而绩效申诉制度是确保绩效考核的可靠性和公平性的重要措施，也是现代绩效管理体系中的重要组成部分。

绩效申诉的构成体系主要涵盖申诉方、被申诉方以及申诉部门三个方面。申诉方指对考核结果持有异议，依据相关规定以个人名义或者部门名义向申诉管理职能部门提起申诉的人员或者部门。被申诉方指考核对象就考核争议案件提起申诉的部门或个人。申诉管理部门指受理绩效申诉的部门，在组织中通常由人力资源管理部门承担。

五、绩效申诉的原则

绩效申诉制度的基本原则是贯彻在绩效申诉过程中，对绩效申诉具有普遍指导意义的基本准则。它至少应包括以下三个方面。

（1）公开性原则。除部分的涉及隐私的信息外，管理者在处理绩效申诉的过程中应尽量公开进行申诉处理，除了使申诉各方了解申诉的有关情况，还需要让组织的其他成员了解，并对申诉处理过程进行监督。此外，申诉处理的最终结果也要公开，让申诉各方知晓处理结果和评价标准，保证绩效申诉处理全过程公开透明以及便于后续工作的开展。

（2）时效性原则。绩效申诉作为一种有效的绩效改进手段，不仅能够维护员工权益，而且还能促进组织发展。如果申诉流程和结果没有时间限制，会增加各方的成本的同时，质疑这项制度存在的必要性，所以在开展时不能拖延推诿。这就要求绩效申诉的各个步骤都规定具体时间期限，在期限内尽快完成对案件的审查，并及时做出处理决定。

（3）公正原则。组织内部受理绩效申诉的部门要本着负责的态度，深入细致地查明绩效考核的相关事实，做出尽量准确的结果，让被考核方充分理解结果得出的缘由。而且，当最后的申诉结果出来后，受理部门做出的决定要严格依据组织的相关规定，做到合理合规，不能徇私舞弊。

六、构建有效的绩效申诉体系

具体而言，完整的绩效申诉体系的构建对于任何组织来说都是一个系统工程体系，应该包括明晰构建申诉制度的意义、确定申诉管辖权、界定申诉范围和设计申诉程序等环节。

（一）构建申诉制度的作用

建立完善的绩效申诉制度对于保障绩效结果的公平公正、减少组织内部矛盾具有非常重要的意义，具体体现在以下几个方面。

（1）绩效申诉有利于促进绩效管理体系完善。由于在考核中存在主客观因素的影响，使得考核结果难免出现不公正的现象。所以通过建立绩效申诉制度，可为这些问题提供纠错机制，减少对组织和员工产生的不良影响，助推绩效管理体系的发挥和完善，促进员工绩效的持续提升。

（2）绩效申诉回溯整个考核流程是否公平正义。当被考核对象对考核结果产生异议时，可以通过申诉机制表达自身对绩效考核结果的质疑。相关职能部门通过调查，可以消除被考核对象的疑惑，维护绩效考核的公平与公正。

（3）绩效申诉有利于增强被考核对象对组织的信任感。如果因为没有部门去充分了解考核的具体情况，使得员工难以维护自身的合法权利，那么会使员工对组织制定的考核体系失去信任，进而导致对组织产生不信任感。所以绩效申诉制度，不仅是保证员工的权益，也是维护组织的形象和利益。

（二）确定申诉管理权

申诉管理指有资格受理考核申诉的部门接受申诉方的申诉请求，并进一步收集绩效信息资料审查考核过程，最后依据组织的有关规定做出最终裁决，并将结果公布，同时终结申诉流程的行为。组织可以在内部建立一个由公司管理层绩效考核申诉小组，纠正在考核中存在的偏差，有效地控制考核标准的松紧程度，保障绩效考核的客观公正。在考核期间，被考核员工只要对评价或反馈有意见或建议，都可以向这个申诉小组反映，来保证考核的公平公正。

（三）界定申诉范围

申诉范围指在组织中设立的申诉职能机构接受考核争议案件的范围内处理申诉的问题，它涉及考核对象合法权益的保障程度，也涉及申诉人可提起申诉的事项，对于超过范围的则不属于其职能范围，无法进行管理。

(1) 考核结果。被考核者的绩效工作，是绩效考核中相当重要的一部分，考核结果事关被考核对象的切身权益，所以当被考核的员工对考核结果不服时，应允许其提起申诉，而不是置之不理。

(2) 考核流程。考核流程科学与否将直接影响评价结论的公正性与公平性，不科学的流程有可能直接侵害被考核对象的利益，引起员工不满。因此，如果被考核对象认为考核主体没有按照科学的或组织规定的程序进行考核时，则有权申诉的职能部门提起申诉，以维护自身权利。

(3) 考核信息。用于考核的信息正确与否、真实与否关系到评价的准确性和可靠性。因此，如果考核对象认为考核主体用于评价的信息不真实、不可靠，可向申诉机关提起申诉，要求考核机关提供相应的证据材料。

(4) 考核措施。考核措施的选择依赖具体的绩效指标，如果选择的考核方法不适用，会直接影响考核结果的公平性和有效性。并且，不同部门常用多种评价方法和不同衡量尺度评价同一个考核对象的情况，进而导致考核结果有所不同，这种差异会导致员工质疑考核结果。所以有员工认为考核措施导致的考核结果不服时，可以提出申诉。

（四）建立绩效申诉流程

申诉流程是员工在进行申诉时必须遵守的各项流程等内容。规范化的流程是绩效申诉有序进行的保障，并且每一步流程都会被限制在一定的时间之内，在多方参与者的监督下，才可以保证绩效申诉处理的公平公正，使员工信服。

(1) 申请。当被考核对象对考核结果提出质疑时，应该在限定时间内及时向组织设立的申诉机关提出申诉申请。主要原则依申请而进行的，所以实行不告不理的原则，如果考核对象不提起相应的申请，就无法开启正式的申诉程序，申诉流程也无法开展。

(2) 受理。申诉机构在接到考核对象提出的绩效申请后，首先需要进行资格审查，看其是否在时间之内、是否在工作范围内，是否符合受理的有关条件等，再决定是否受理，如符合上述的各项条件，申诉机关就应迅速立案受理，反之如果不符合则需要告知不予受理并告知拒绝受理的主要原因。

(3) 调查。绩效申诉受理后，绩效申诉的流程就正式开始，申诉机构应调取相关绩效考核证据，特别是相关的标准以及绩效信息，让申诉员工充分表达自己的意见和立场，同时邀请相关考核人员到场进行解释，围绕考核是否合适的问题展开辩论。

(4) 裁决。在多方监督下，经过申诉机构充分的论证和审查后，申诉机构应该以所收集到的信息和相关人员的论述为根据做出公平公正的裁决，并将裁决结果送达申诉流程中涉及的各方。

(5) 执行。当最终的绩效申诉结果出来后，申诉各方应在规定期限内执行，对拒不执行的一方进行相应的处理，以保证申诉结果的有效性。

专栏 7—3

比如，在某项中长跑项目中，当某个职业运动员跑出一个较好的成绩后，全世界所有运动专家、生理学家都断言：该成绩是人类极限，不可能有人突破。事实也正如这些专家所预言的，这一极限在相当长的时间内无人突破。

但谁也没有想到，一个名不见经传的教练却不这么认为；并且，这位教练用并不复杂的方法，帮一位业余运动员突破了这个极限。他是这样做的：他把那项中长跑分成 8 等份，根据选手的体能，计算出通过每等份应该用的时间；然后，在每等份处都有一个助理教练掐秒，报告给运动员："太快了，减速！""慢了，该冲刺了！"更让人吃惊的是，这个最早突破极限的人竟然是个医学院的学生！那以后，几乎所有职业运动员都能突破这个所谓的"生理极限"了。

启示：我们突破瓶颈是绩效改进的目标，需要管理者不走寻常路，用恰当的方法实施绩效改进。卓越的管理者永远不会满足当前的绩效，寻找更好的绩效改进方法是他们矢志不渝的追求。

复习思考题

1. 绩效反馈的原则有哪些？
2. 绩效面谈的作用有哪些？
3. 绩效改进的要求有哪些？
4. 绩效面谈的原则有哪些？
5. 绩效面谈员工的准备有哪些？
6. 绩效改进的要求有哪些？
7. 如何建立有效的绩效反馈机制？

案例分析

年终谈不好，来年他就跑。管理者做不好年终绩效面谈，来年可能会面临人才的流失，团队将损失惨重。学习华为式年终绩效面谈，轻松收拢人心，"谈"出高绩效，"谈"出红红火火的 2022。在华为，绩效面谈并不仅仅针对绩效考核结果不理想的员工，而是覆盖全员，面面俱到。而且，华为不只是在年终有绩效面谈，在每周、每月、每季度也会进行绩效面谈。华为的管理者会通过年初的绩效计划面谈、年中的绩效指导面谈、年终的绩效考评总结面谈，来帮助员工确认这一年的工作成果，明确工作中的成绩和不足，同时给予未来相应的建议和期待，以及可执行的改进方案。

1. 准备面谈

面谈前，华为的管理者首先要收集员工的相关资料，了解员工近况，并对员工的绩效期望做出准确预判，结合绩效考核结果掌握员工的心理状态，确保自己在面谈过程中占据主导地位。面谈的相关事宜要提前告知员工，让员工做好准备，在沟通时能充分表达自己的想法。如果管理层觉得某位员工难以掌控，可以寻求更有威望的主管或者更有经验的 HR 的帮助。

管理者要明确自己的面谈目标，比如：

评价员工的年度表现；

消除工作误会；

倾听员工心声；

提高员工工作能力和绩效水平；

确定奖金如何分配；

规划员工的发展晋升……

还要在面谈开始前，告诉员工本次面谈的目的是什么，比如：帮助他来年进一步成长。并且，询问员工对本次面谈的期待，以达成某种程度的共识，消除员工的紧张心情和对立情绪，让年终绩效面谈的效果最大化。

2. 回顾绩效

（1）让员工自我总结考评周期内的重要成绩与不足，管理者用开放式问题进行引导；

（2）从员工的优点开始点评其工作表现，并分析员工前期不足之处；

（3）肯定员工的进步和努力；

（4）告知员工考评等级的评议程序；

（5）告知考评结果；

（6）倾听员工的意见和心声。

在告知员工上一年度绩效考核结果时，要使用"三明治法则"，不能生硬地念出结果。

所谓"三明治法则"，就是先表扬、后批评、再表扬。这是一种比较委婉而且有效的沟通方式，能够通过两次表扬，激发员工的工作积极性和信心；通过一次批评，员工也能认识到自身存在的问题。华为要求管理者掌握一项基本的工作技能——学会倾听。为了避免听错，华为管理者都要按照备好纸笔、认真倾听、最终确认这三个步骤进行绩效面谈。

在倾听的过程中，管理者应该与员工保持良好的目光接触，让员工感受到管理者对其话语的重视，但也不能直勾勾地盯着对方，让员工感到不适。最好是一边倾听一边记录，还要提出一些开放式的问题，表示管理者确实在用心倾听，通过员工的回答，也能获取更多的信息。

3. 思想行为

"奋斗者文化"是华为人思想行为的准则，华为的管理者要以身作则传承奋斗文化。华为明确地将员工分为三类：普通劳动者、一般的奋斗者、卓有成效的奋斗者。资源都向"卓有成效的奋斗者"倾斜，不让他们寒心。按照任正非的原话就是："决不能让雷锋吃亏""要让拉车的人比坐车的人拿得多"。因此，华为用奖金与股票分红的形式，让这些奋斗者可以与企业共享利益。

管理者要给员工讲述自己或 A 类员工的奋斗故事，渲染成为奋斗者的好处，激励员工从"普通劳动者"进阶为"卓有成效的奋斗者"。

4. 改进方案

对于绩效不理想的员工，管理者和员工共同制定绩效改进计划。

使用引导性的方式，让员工先提出初步的改进方案，然后结合刚刚的复盘和回顾，遵从企业的行为准则的前提下，管理者用列表的方式给出明确的几条建议，并将建议细节丰富，形成可执行的改进方案。

华为认为定目标要有魄力，要有敢于承担任务的勇气。如果我们敢于把 1% 的可能或者不可能变成现实，那才能证明我们的能力。哪怕最终实现不了目标，也会收获颇丰。

当目标不容易达成时，我们对自己的要求会更高，如果自身要求高了，对自己团队的要求也会变高。团队中所有人都会感受到相互的激励，朝更高、更远的目标进发。年终绩效面谈的实质是沟通，并不是管理者的个人教学，所以管理者应该鼓励员工敞开心扉，大胆地说出自己的真实想法。另外，绩效面谈的重点应该放在后半部分，也就是探讨工作中需要改进的地方并提炼出对未来发展有益的重点，不是一味否定员工过去的成绩。

分析与思考：

（1）简要评价华为的绩效面谈，并在后续中如何进一步完善？

（2）华为的故事中体现了绩效面谈的哪些原则？

第八章 考核结果的应用

本章导读

许多人错误地认为，获得绩效评估结果就是绩效评估整个过程的结束，这是一个错误的认知。传统的绩效评估中，绩效评估主要是工具意义，仅用于划分员工绩效的优缺点，而没有将绩效评估结果的处理看作与绩效计划、绩效评估、绩效反馈等类似的重要过程，只用于员工薪酬决策的判断依据，完全没有看见绩效管理最直接、最根本的目标，就是提高组织成员的工作绩效。在现代绩效管理中，在绩效评估过程中获得的很多信息用来提升员工绩效的绩效水平，但是对绩效考核实践一系列调查发现，没有处理好绩效考核结果的应用问题通常是绩效考核不能发挥作用的主要影响因素。从结果层面来说，如果组织成员得不到应该有的认可和回报，就很难引导他们进一步的实现目标。此时，绩效评估结果是绩效改进的基础和衡量改进效果评价的基本方面，同时提高组织成员的绩效是绩效管理最主要的目的，因此绩效评估结果的应用实施作为绩效管理体系的重要组成部分，在相当程度上也是绩效管理体系成功实施的重要标志。

学习目标

通过本章的学习，能够了解并掌握绩效改进计划，理解绩效考评在招聘过程中的作用，理解绩效考评与人力资源规划的关系，理解绩效考评与员工培训的关系，理解绩效考评对企业激励机制建立的意义，理解绩效考评与人事调整的关系。

关键概念

绩效考核	Performance Assessment
招聘	Recruitment
人力资源规划	Human Resource Planning
薪酬管理	Reward Management

员工发展　　　Staff Development

唯一持久的竞争优势，就是比你的竞争对手学习得更快的能力。

——阿瑞斯·德格

第一节　绩效考核结果与人员招聘

一、员工招聘及录用概述

（一）招聘的含义与意义

组织招聘指根据组织自身的需要、一定的条件和标准以及适当的方法，选拔和聘用组织所需的各种类型的人才。招聘是现代企业管理过程中一项占据重要地位的、涉及面广的、经常性的工作。它是人力资源管理活动的基础和关键环节之一，直接关系到企业各个层级人员的素质和企业各项目标的顺利实现。

招聘这一组织行为对于企业的意义主要包含了两个方面：人力资源总量和结构的形成；人力资源的质量和目标的实现。

（二）招聘的一般程序

为了保证招聘的过程符合科学与规范，不断提升招聘的效能，一般来说组织要按照下面的基本程序来实施招聘活动。

1. 明确职位的空缺

这是整个招聘活动的出发点，即需求的明确，只有明确获知企业中的空缺职位以及具体的职位要求，知晓企业需要什么人才后，才能够展开招聘的步骤。

2. 选择招聘渠道

一般来说企业招聘有两个渠道，一是内部选聘，即通过内部调岗或选拔的方式进行，优点是能够快速上手，缺点是难以激发组织的创新活力；二是外部招聘，即通过社会层面公开招聘人才，优点是选择面广，缺点是适应组织环境需要一定的时间。两种渠道各有利弊，需要根据企业自身情况选择。

3. 制定招聘计划

内部的招聘计划相对比较简单，由于人员都相对熟悉，所以不需要复杂的程序，所以一般所说的招聘计划的制定都是针对社会面的外部招聘而言的。招聘计划的内容主要包括招聘的规模、招聘的范围、招聘的时间和招聘的预算等。

4. 选择招聘来源和方法

招聘的来源是指潜在的应聘者和所存在的目标群体，比如社招和校招等，招聘的方法是指潜在的应聘者获知企业招聘信息的方式和途径，比如通过招聘会、网上的招聘信息、内推等。

二、绩效考核结果在招聘、录用中的应用

企业往往在扩大企业或原有职位的员工离职而产生职位空缺时，往往需要从内部企业中进行选拔或从外部社会上招聘新员工，在这样的招聘过程中，绩效考评的结果发挥着重要的作用。

（一）企业选拔对考评结果的依赖

所谓选拔，指员工在工作岗位之间转换的过程，表现为不同的层级或不同部门，选拔往往意味着为职位的晋升或薪资的增加，同时相应地，选拔后所承担的责任也相应地增大，岗位要求也会提升。所以，选拔是否科学有效，是企业人事决策的关键问题之一。

科学选拔包括两个方面：一是程序科学，要体现在整个选拔过程中，即符合一般的招聘程序；二是方法科学，在各个程序采用科学的方式方法，比如无领导小组讨论、压力测试法等。这其中需要采用科学有效的绩效考评程序与方法来保证选拔的科学有效。

科学选拔利用在考评结果上，应遵循以下规则。

1. 从业绩来看能力

业绩往往是企业最看重的因素，在评价中占有很高的比例（在许多企业的绩效评价中，业绩约占所有评价因素的70%）。好的业绩意味着工作质量很高、工作效率很高以及失误很少。因此，绩效评估的结果可以被运用到选拔中，作为人员选择的前提，以激励员工创造高绩效，这也是企业常用的选择方法。但是也不能唯业绩论，一个人的岗位匹配度和很多方面息息相关，人员选择不能只是基于绩效考核结果，因为这样的表现是过去行为的结果，出色的绩效表现显示出该员工能够胜任当前的位置，但并不一定证明他能够胜任组织内部所有的岗位。

以绩效考核结果作为选拔人才的前提因素，以能力考核结果作为人员选聘的限制性条件，这也是在岗位设置中能级匹配原则，每个人的能级水平与他/她的岗位水平和岗位的能级水平要求相匹配，全面反映了员工表面成就与实际能力，能够做

到人尽其才。

2. 设定组织内部晋升方式

在传统的晋升制度上，晋升仅仅意味着提升组织当中的位次或提升到相应的管理位置。例如，科长晋升为主任，员工晋升为经理。但是在现代的企业中，管理的位置是相当有限的，因此如果对于员工和专业人士来说，将晋升到管理的位置作为激励的唯一步骤是不公平的，对于企业来说，仅仅将管理职位的提升视为晋升，企业优秀人员的数量就会流失掉，也只会增加对绩效提升无意义的管理人员。因此，通过不同层级与不同职能部门的绩效考核结果，公司的职位可分为研发、工程、行政、事务、运营等多个职位系列，并可根据职位系列建立不同等级，形成晋升阶梯。借助绩效评估的结果，可以优化该职位的定位。

（二）考评结果对企业提高招聘有效性的作用

绩效考评一方面对岗位人员现在工作的考核评价，另一方面也是对人员选拔结果进行实绩检验，同时在招聘角度还可以用来作为企业提高招聘有效性的手段。

1. 对招聘有效性的检验

对招聘有效性的检验。对企业来说，招聘的成本一般来说很高，比如会涉及广告费、宣传费、招聘工作人员的人工成本等方方面面，还包括如果招聘不到合适的人，会对公司整体的发展带来的损失，因此，大多数的企业都很重视对应聘人员的综合素质评价，但是对综合素质评价的手段五花八门，这些手段的有效性如何是一个问题，因此企业往往会设立试用期，在一段时间内通过他们进入实际工作岗位后的绩效考评结果进行观察。通过把这些人员的绩效考评结果和他们申请工作时的考评结果进行对比衡量，通过分析就可以做出相对的判断。例如，招聘者可能会发现在岗位申请中得分大致相等的候选人，但是经过一年的工作后，岗位绩效差别巨大，就可以认为，这些方法没有精确地预测候选人对组织的影响。因此通过将绩效评估结果引入招聘中，可以对招聘筛选的方法与检测手段进行改进，从而提高招聘的有效性。

2. 对招聘筛选的参考

通过组织内部往期的绩效考评的结果和其他反馈，人力资源管理等职能部门对企业内各个岗位优秀人员所应具有的对组织发展有益的特征有一定的理解，以建立一个优秀人员画像，这些将能给招聘工作的筛选提供更加精确的参考。例如，通过对企业中优秀销售员的绩效特征进行深入分析，如果这些表现主要是能吃苦、有耐心等，那么，在招聘销售员时，就可以按照这样的特征来找。可见，招聘过程中存在的许多疑惑的点，必须要能够有效地运用绩效考评的结果才能实现。总的来说有以下几点。

首先，根据考评的结果，我们可以获取空缺的岗位需要什么样的人才，例如，能力要求、素质要求、业务知识要求等。

其次，在筛选申请表及面试的相关阶段，可以根据事先确立的职位要求，选择符合职位要求的新员工，明确需要的人员画像。

最后，在新员工上岗培训或者试用期，企业可以根据绩效考评的历史记录，加强员工短板弱项的培训，缩短新员工的上岗适应期。

第二节 绩效考核结果与薪酬管理

一、薪酬管理概述

（一）含义及意义

在企业中，薪酬指员工从企业那里得到的各种直接和间接的经济收入，简单地讲，它相当于报酬体系中的货币报酬部分。

薪酬管理是指企业在其经营战略和发展规划的指导下，综合考虑各种外部因素的影响，确定自己的薪酬水平、薪酬结构和薪酬形式，进行薪酬调整和薪酬控制的全过程。其作用主要表现在以下几方面。

1. 有助于对优秀员工产生吸引力

这是薪酬管理最基础的功能，也是员工最看重的内容。薪酬管理的有效实施，能够为员工提供可靠的经济保障。

2. 有助于对员工产生激励

按照马斯洛需求理论，人们的行为都是在需求的基础上产生的，人存在五个层次，而薪酬在不同层次上能够满足这些需要，从而实现对员工的激励。

3. 有助于企业的绩效改善

薪酬管理对员工产生较强的激励作用，提高工作绩效的同时也必将促使企业整体的绩效得到提升。通常情况下，薪酬管理对企业绩效的影响还表现在成本方面。

（二）内容

企业的薪酬一般由三部分组成：第一，基本工资；第二，激励性薪酬；第三，间接补偿。基本工资是指根据员工的工作或技能向其支付的相对稳定的经济收入；激励性薪酬指根据员工、团队或企业自身绩效向其支付的可变收入；间接补偿指向员工提供的各种福利，这些福利与员工的工作和绩效没有直接关系，而且通常是普遍的。

专栏 8-1

　　一条猎狗在森林里追赶一只兔子，追了很久仍没有捉到，眼睁睁地看着兔子从自己的嘴边逃生了。牧羊犬正好看到了此情景，它讥笑猎狗说：你比兔子大那么多，结果却跑不过一只兔子，太给你们狗族丢脸了。猎狗回答说："你知道什么！我们两个完全为着不同的目的而奔跑。我仅仅为了一顿饭而跑，兔子却是为了性命而跑呀！"

　　这话被猎人听到了，猎人想：猎狗说的对啊，如果我要想得到更多的猎物，看来得想个好法子。于是，猎人又买来几条猎狗，凡是能够在打猎中捉到兔子的，就可以得到几根骨头，捉不到的就没有饭吃。这一招果然有用，猎狗们每天都全力以赴地追着兔子，因为谁都不愿意看着别人有骨头吃，自己被冷落在一旁挨饿。这样下来，猎人每天收获的兔子数量明显增多。

　　启示：有效的薪酬管理是不仅有利于提升员工的绩效，在宏观层面更能促进整个企业绩效的改善。

二、绩效考核结果在薪酬管理中的应用

　　绩效结果首先必须与员工的报酬联系在一起。研究表明，尽管影响员工绩效的因素有很多，但是薪酬仍然是最重要的因素之一，将绩效结果与薪酬联系起来，建立了一种付出与回报之间的条件关系，能够增加员工对工作的投入程度，可以大幅度地提高员工的绩效。绩效评估结果与薪酬的关系也提高了物质利益分配的客观性和逻辑性，薪酬的增减是公司对绩效水平最真实的反馈。如果绩效评估结果与薪酬之间没有关系，必然导致员工对绩效评估重要性与薪酬分配公平性的质疑。

（一）用于确定奖金分配方案

　　绩效评估结果中可量化目标的部分更多地与奖金挂钩，实现公司对员工的承诺，而有关行为或技能的部分则更多地与来年加薪联系在一起。因为工作目标的实现往往有不可控制力的影响，但是行为和技能则代表着工作绩效持续提升的能力。有的企业倾向于更多地使用奖金，以便使增加的人工投入不被固化为成本，但是员工倾向于得到更多的加薪，加薪是对一个人持续创造价值能力的认可。

（二）作为调整员工固定薪资的依据

作为调整员工固定薪酬的依据。这部分薪酬是以员工的劳动熟练程度、所承担工作的复杂程度、责任大小及劳动强度为基准确定的。通常以两个方面因素为依据进行调整，即被考核者原来固定薪酬在同一职等薪酬带所处的位置和员工连续数年绩效考核结果的综合状况。一般情况下，组织会依据连续3年绩效考核的结果，决定员工固定薪酬的调整幅度，这将有利于增强薪酬对员工长期绩效的激励性。

（三）作为福利、津贴制度变革的尝试

近年来，一些企业在积极尝试把绩效考核的结果作为确定员工福利、津贴的参照因素。这样一来，就可以克服现实中存在的津贴大锅饭现象，提高福利与津贴对于员工绩效的激励性，这无疑是增强福利、津贴激励性的一种新的尝试。

第三节 绩效考核结果与人力资源规划

一、人力资源规划原理

（一）人力资源规划的含义

人力资源规划，又称人力资源计划。广义的人力资源规划，指为实施企业发展战略，实现其目标，根据企业内外部环境的变化，运用科学的方法对所属人力资源的供需进行预测，制定相宜的政策与措施，从而使企业人力资源供给和需求达到平衡的过程。简单地说，人力资源规划即指进行人力资源供需预测，并使之平衡的过程。

人力资源规划的目标是：确保企业在适当的时间和适当的岗位获得适当的人员（包括数量、质量、层次和结构等），实现人力资源的最佳配置，最大限度地开发利用人力资源潜力，使企业和员工的需要得到充分满足。

（二）人力资源规划的种类

按照时间来分可分为：长期人力资源规划、中期人力资源规划和短期人力资源规划。按照内容来分可以分为：人力资源总体规划和人力资源业务规划。

人力资源总体规划者人力资源管理的总目标、总政策、实施步骤及总预算安

排。人力资源业务规划则包括人员补充计划、人员分配计划、人员接替和提升计划、教育培训计划、工资激励计划等。人力资源规划内容涉及人员补充、培训分配使用、晋升、工资等具体方面及其内在联系。因此在制定各项业务计划时应注意相互之间的平衡与协调。若人员通过培训提高了素质，在使用及报酬方面却无相应政策，就容易挫伤员工接受培训的积极性。另外，还要搞好每一项业务计划的配套平衡。

（三）人力资源规划的作用

企业的生存发展离不开人力资源规划。人力资源规划的目的是使企业的各种资源（人、财、物）彼此协调并实现内部供求平衡。人力资源规划是企业规划中起决定性作用的规划。在企业的人力资源管理活动中，人力资源规划不仅具有先导性和战略性，而且在实施企业目标和规划过程中，它还能不断调整人力资源管理的政策和措施，指导人力资源管理活动，因此，人力资源规划又被称为人力资源管理活动的纽带。企业工作岗位分析、劳动定额定员等人力资源管理的基础工作是人力资源规划的重要前提，而人力资源规划又对人员的招聘和选拔，报酬、福利和保险以及人力资源的教育和培训，企业内部人员的调剂等各种人力资源管理活动的目标与实施步骤，做出了具体而详尽的安排。

（四）人力资源规划的步骤

（1）调查、收集和整理涉及企业战略决策和经营环境的各种信息。影响企业战略决策的信息有产品结构、消费者结构、企业产品的市场占有率、生产和销售状况、技术装备的先进程度等企业自身的因素；企业外部的经营环境有社会政治、经济、法律环境等，这些外部因素是企业制定规划的硬约束，企业任何人力资源规划的政策和措施均不得与之相抵触。

（2）据企业或部门实际情况确定其人力资源规划期限。了解企业现有人力资源状况，为预测工作准备精确而翔实的资料。如根据企业目标，确定补充现有岗位空缺所需人员的数量、资格、条件以及时间等。

（3）在分析人力资源需求和供给的影响因素的基础上，采用定性和定量相结合，以定量为主的各种科学预测方法对企业未来人力资源供求进行预测。这是一项技术性较强的工作，其准确程度直接决定了规划的效果和成败。它是整个人力资源规划中最困难，同时也是最重要的工作。

（4）制定人力资源供求协调平衡的总计划和各项业务计划，并分别提出各种具体的调整供大于求或求大于供的政策措施。人力资源供求达到协调平衡是人力资源规划活动的落脚点和归宿，人力资源供需预测则是为这一活动服务的。

（5）人力资源规划并非是一成不变的，它是一个动态的开放系统。对其过程及结果须进行监督评估，并重视信息的反馈，不断调整规划，使其更切合实际，更好地促进企业目标的实现。

二、绩效考核结果在人力资源规划中的作用

人力资源规划中，绩效评估是进行人员需求和供给预测的一个重要基础，通过对员工工作业绩以及态度能力的评价，企业可以对员工的状况做出判断，如果员工不符合职位的要求，就要进行相应的调整，这样造成的职位空缺就形成了需求预测的一个来源；同时，对于具体的职位来说，通过绩效评估可以发现企业内部有哪些人能够从事这一职位，这也是内部供给预测的一个重要方面。

（一）提供高效度的人力资源信息

提供高效度的人力资源信息。人力资源信息包括的内容有员工调整情况，员工的经验、能力、知识、技能的要求，以及员工的培训、教育等情况。这些信息可以从员工绩效评估的记录中调出，员工绩效评估结果的有效运用必将极大地提高信息的准确性和有效性。

（二）清查内部人力资源情况

清查内部人力资源情况。清查内部人力资源情况后可以明确组织内部是否有大材小用和小材大用的情况发生，还可以明确哪些员工可以从组织内部补充，哪些员工需要从外部招聘。这些都有助于人力资源规划的进行。

（三）预测人员需要

预测人员需要。通常认为商业因素是影响人员需要类型、数量的重要变量，进行人力资源规划要学会在分析这些因素的基础上，对未来人力资源的需求做出正确预测。此时可以运用绩效评估的结果来协助人员的预测工作。

第四节　绩效考核结果与员工发展

一、员工发展规划的内容

员工发展规划是指员工在一定时期内完成有关工作绩效及改进工作能力的系统计划。它是一种直接从绩效考核延伸出来的、实际且有效的、由一系列表格组成的绩效改进计划。这个计划的建立基于两个目的：一是帮助员工在现有工作上改进绩效；二是帮助员工发挥潜力，使其在经过一系列学习之后能有升迁的可能，其重点是改进现有工作绩效。

员工发展规划通常包括以下几个方面的内容。

（一）明确有待提升的指标及其目标

有待提升的指标及目标是指在工作能力、方法、习惯等方面还需要进一步提高。这些有待提升的指标可能是现有水平不足的项目，也可能是现有水平尚可但工作需要更高水平的项目。一般来说，在员工发展规划中应选择一些最为迫切提高的指标，因为一个人需要提高的指标可能很多，不可能在短短的半年里或一年内完全得到改善，所以应该有所选择；而且人的精力是有限的，也只能对有限的一些内容进行改善和提高。

（二）分析提升这些指标的原因

把有待提升的某些指标列入员工发展规划中一定是有原因的，这种原因通常是由于员工本人在这方面的水平比较低，而工作又需要表现出比较高的水平。

（三）确定目前水平和期望达到的水平

员工发展规划应该有明确清晰的目标和需要达到的标准，因此在制定员工发展规划时，要指出需要提高的指标目前表现的水平怎样，期望达到的水平又是怎样的。

（四）提升这些指标的方式

将某种提升的项目从目前水平提高到期望水平可能有很多方式，例如培训、自我学习、开小组座谈会、他人帮助改进等。同时，还应当确定责任部门或负责人，以便更好地帮助员工，监督其很好地完成员工发展规划。

（五）设定达到目标的期限

预期在多长时间内能够将有待提升的项目提高到期望水平，指出评估的具体期限。

二、绩效考核结果在员工发展规划中的应用

通常来说，制定员工发展规划需要经历以下过程。

1. 主管人员与员工进行绩效考核沟通。在主管人员的帮助下，员工会很快认识到自己在工作当中哪些方面做得好，哪些方面做得不够好，认识到目前存在的绩效差距。

2. 主管人员与员工共同就员工绩效方面存在的差距分析原因，找出员工在工作能力、方法或工作习惯方面有待提升的方面。

3. 主管人员与员工根据未来工作目标的要求，选取员工目前在工作能力、方法或工作习惯方面有待提升的地方中最为迫切需要提升的地方，作为个人发展项目。

4. 双方共同制定改进这些工作能力、方法、习惯的具体行动方案，制定个人发展项目的期望水平和目标实现期限以及改进的方式。必要时确定实施过程中的检查核实计划，以便分步骤地达到目标。

5. 列出提升个人发展项目所需的资源，并指出哪些资源需要哪些人员提供义不容辞地帮助。

复习思考题

1. 为什么说绩效评估结果的运用是绩效管理体系的重要组成部分？
2. 我们可以用哪些维度来对绩效改进结果进行评估？
3. 绩效评估结果如何为人力资源规划提供支持？
4. 绩效评估结果与员工招聘、录用是如何互为依赖的？
5. 绩效评估结果如何有助于建立公平的激励机制？

案例分析题

进入 21 世纪以来，中国酒店业获得了繁荣发展，在这个过程中，酒店业的工资制度改革与演变也伴随着酒店业的发展不断深化推进。某连锁酒店也抓住了发展的契机，宾馆自开业以来，就结合国外先进的薪酬管理理论与中国实际，引入了类

似于宽带的薪酬结构。

那么何为宽带薪酬呢？

一般来说，每个薪酬等级的最高值与最低值之间的区间变动比率要达到100%或100%以上。一种典型的宽带型薪酬结构可能只有不超过4个等级的薪酬级别，每个薪酬等级的最高值与最低值之间的区间变动比率则可能达到200%～300%。而在传统薪酬结构中，这种薪酬区间的变动比率通常只有40%～50%。宽带型薪酬结构作为一种与企业组织扁平化、流程再造、团队导向、能力导向等新的管理战略相配合的新型薪酬结构设计方式应运而生。宽带薪酬最大的特点是压缩级别将原来十几甚至二十、三十个级别压缩成几个级别，并将每个级别对应的薪酬范围拉大，从而形成一个新的薪酬管理系统及操作流程，以便适应当时新的竞争环境。

在宽带薪酬体系设计中，员工不是沿着公司中唯一的薪酬等级层次垂直往上走，相反，他们在自己职业生涯的大部分或者所有时间里可能都只是处于同一个薪酬宽带之中，他们在企业中的流动是横向的，随着能力的提高，他们将承担新的责任，只要在原有的岗位上不断改善自己的绩效，就能获得更高的薪酬，即使是被安排到低层次的岗位上工作，也一样有机会获得较高的报酬。

一方面，酒店业作为服务行业，顾客对酒店的口碑基于员工在服务过程中表现出的态度和技能，人的因素是关键。另一方面，酒店业作为劳动密集型行业，人力成本比重高。而宽带薪酬制度既有利于提高员工的绩效，同时还有利于酒店进行合理的人力成本控制。因此某连锁酒店在行业内率先设计和使用了这种宽带的薪酬体系。

分析与讨论：

　　1. 绩效薪酬管理是什么？宽带薪酬制度怎样体现了绩效考评结果在薪酬体系当中的应用？

　　2. 宽带薪酬制度有什么优缺点？以及它的适用条件是什么？

第九章 绩效管理工具

本章导读

管理理论从起源至今经历了若干发展阶段。从 19 世纪末 20 世纪初到 20 世纪五六十年代，多种管理理论被提出来，如科学管理理论、人际关系理论、行为科学理论等。20 世纪 60 年代末 70 年代初，管理理论发展迅速，出现了不同的学派和方法，如管理过程学派、经验主义学派、领导角色学派等，形成了百家争鸣的局面。20 世纪 90 年代至今，管理思想仍在不断更新迭代，如学习型组织、流程再造等，管理实践也在不断促进管理思想的发展。

管理学是一门直接面向实践的学科，注重理论与实践的结合。绩效管理的工具直接来自管理实践，并被用于管理实践。绩效管理工具的创新始于 20 世纪 50—70 年代，而绩效管理理论则是在 20 世纪 70 年代管理理论争论的背景下出现的，近几十年来逐渐成为人力资源管理理论的研究对象。在 20 世纪 50 年代之前，表现性评价是绩效管理工具的唯一关注点。绩效管理工具无论是在评价的内容上还是在促进经营发展的功能上，都十分具有局限性。而后在之后的几十年里，随着绩效管理被重视程度的提升，学者们先后提出了目标管理、标杆管理、关键绩效指标、平衡计分卡等绩效管理工具。它们四者在产生和发展时代、特征、关注对象、构成要素等方面既有联系，又不尽相同。直至今日，目标管理、标杆管理、关键绩效指标、平衡计分卡仍是具有较广应用范围的绩效管理工具。纵观绩效管理工具的演变过程，不难发现，随着现实因素的改变，绩效管理工具随之变化。一方面，绩效管理工具不断拓宽着其评价的内容范围，从单纯的财务指标考核扩展至全面的组织考察；另一方面，绩效管理工具也不断提升着其关注与促进经营发展的功能，从单一的绩效考核评价工具，逐步上升至管理甚至指导组织战略规划的工具之一。

学习目标

通过对本章的学习，能够了解目标管理、标杆管理、关键绩效指标、平衡计分卡四大绩效管理工具的起源、发展、概念、基本内涵、优势和局限。掌握设计四大绩效管理工具的绩效评价指标的要点，熟悉实施步骤和推进的过程。

关键概念

绩效管理工具	Performance management tool
绩效考评体系	Performance appraisal system
组织战略	Organizational strategy
目标管理	Management by objectives
标杆管理	Benchmarking
关键绩效指标	Key performance indicators
平衡计分卡	Balanced score card
SMART 原则	SMART principle

我们宣布讲究实绩、注重实效，却往往奖励了那些专会做表面文章、投机取巧的人。

————［美］米契尔·拉伯福

第一节　目标管理

一、目标管理概述

（一）目标管理的起源

自 20 世纪初泰勒提出科学管理以来，西方资本主义国家的企业经营管理得到了迅速的发展。第二次世界大战后，世界各国因蒙受战乱而急需重建经济，导致公司治理的整体环境发生了变化。随着外部环境的改变，人们参与工作的行为动机也相应发生变化，泰勒其严格监督和控制的科学管理方式已无法充分调动员工的工作积极性。加之当时美国一般企业存在管理组织僵化、组织机构臃肿、工作效率不高等现象，企业急需一种新的管理制度为企业注入活力，调动职工的积极性。在此情况下，目标管理应运而生。

1954 年，美国著名管理学家彼得·德鲁克（Peter F. Drucker）在《管理实践》一书中首先提出了目标管理（management by objectives，MBO）。德鲁克认为，古典管理学派的中心偏重于工作而忽视了人性的一面；行为科学中心又偏向于人而忽略了同工作相结合。而目标管理则是综合了工作的兴趣和人的价值，从工作中满足其社会需求，同时企业目标也得以实现，把工作和人的需要两者统一起来。目标管理自实行以来，有效地激发了员工的积极性，得到了企业界的欢迎与赏识。目标管理配合行为科学，更使之为企业界采用，迅速普及于欧美和日本等国的各大企业，奠定了其现代绩效管理思想基石的地位。

（二）目标管理的基本内涵

德鲁克认为，目标管理的基本内涵是一种程序或者过程。这种程序或过程使组织中的上下级一起协商，根据组织使命确定一定时期内组织总目标。再由此决定上下级的责任和分目标，并把这些目标作为组织绩效考核和考核每个部门和个人绩效产出对组织贡献的标准。简而言之，组织的使命和任务都必须转化为具体目标，组织目标通过分解成多个更小的目标后才能够实现。并不是说有了工作之后才有的目标，而是有了目标之后根据目标确定个人工作。

后来，乔治·欧迪伦（George Odiorne）对目标管理做出进一步研究。他认为目标管理是一种秩序，其凭借上下级对目标的共同了解，制定个人工作目标，使之能合力完成组织目标，并以预定目标作为工作推进的指导原则和评价结果的客观标准。

总而言之，目标管理是一个反复循环、螺旋上升的管理方式，其内容具有一定的周期性。就目标管理的每个周期而言，其基本内涵分为制定和分解目标、实施目标过程中的管理、目标成果评价。

第一，在制定和分解目标的过程中，目标管理提倡下级自主提出目标来配合上级目标的达成。为适合于组织经营战略，整合组织力量，上级应与下级一起讨论提出的目标，保持尊重的态度。因此该环节的关键就在于，借助于相互沟通的过程制定与分解出理想的目标。

第二，在实现目标的过程中，目标管理要求下级以自主精神去执行工作，但并不代表上级可以置身事外，仍需有过程管理。首先，要有适当的授权，即下级对为实现目标所采取的措施具有自主选择权和决定权，而上级从始至终所以要做的是持续检查。其次，要给予下级支援和协调，即上级要根据下级在目标达成过程中所需的人力、物力以及其他部门的协助等条件上，提供支持与帮助。最后，要适时地交换意见，上级要主动与下级交换意见，对下级提出意见的行为表示积极肯定，以便及时掌握信息，使目标向正确方向执行。

第三，在目标成果评价环节中，目标管理强调以人为中心进行管理，重视"人性"。因此在期末检查目标实现情况时,上级应以最终的目标实现作为奖惩的唯一标准,根据不同的情况对目标执行人给予相应的奖励、表彰、惩罚与批评,注重成果的取得与个人的能力与努力,达到鼓励和激励的目的。因此目标管理也被称作"根据成果进行管理的方法"。

二、目标管理实施步骤

目标管理的实施过程主要包括设定目标、实施目标、评价结果、反馈四个步骤。

(一)设定目标

目标管理实施的第一步是设定目标,这也是目标管理中最重要的步骤,是目标管理的关键环节。设定的目标主要指组织期望达成的结果和为达成结果所需的资源和方法。这一过程通常是通过目标分解来实现的,由考核者与被考核者共同完成。为确保各级绩效目标设定恰当,目标在计划时需注意达成上下级一致认同、包含个人努力成分、少而集中以及符合 SMART 原则的关键要素。同时,在设定目标过程中还需制定达到目标的时间框架,即当被考核者执行目标时可以合理安排时间,了解自己已经做了什么和下一步还将要做什么。

(二)实施目标

目标管理的第二步是实施目标,其本质是对目标实施进行监控,以保证设定的目标按预期计划施行,把控计划进度,及时发现问题。在第一步和第二步过程中,难免会有目标实施人员认为目标管理是绩效考核的监督工具,这样其在填写目标时就会容易把容易完成的工作设定为主要目标,更甚者可能为体现自身业绩用短期见效目标取代长期见效的重要目标,因此监控过程就显得尤为重要。如果目标成果不及预期,应及时采取适当的矫正措施;如果有必要还可以对原设定计划进行及时的修改。同时通过监控,也可以使上级关注到组织环境对下级表现产生的影响,从而帮助被考核者克服他们无法控制的客观环境。

(三)评价结果

目标管理的第三步为评价结果,其本质是将实际达成的目标与预先设定的目标相比较。这一过程的目的是使考核者找出未能达成既定绩效目标的原因,或实际达到的绩效水平远超预先设定的绩效目标的原因,帮助管理者做出后续决策。如果预先目标确立是模糊的或者可操作性不强,那么评价过程就会变得相对困难。评价结果这一步骤的关键在于，目标管理的评价是考核绩效，而不是考核行为或态度。组织将上下级共同讨论是否完成了目标，研究为什么能完成或未完成的情况记录并整理，便成了正式的绩效考核。

（四）反馈

反馈是目标管理周期中的最后一个步骤，即上级与下级一起回顾整个周期，为思考制定新目标和为其采取的新战略做好准备。凡是已达成绩效目标的被考核者均被允许参与下一考核周期绩效目标的设定过程。对于没有达到既定绩效目标的被考核者，应研判困难的出现是否属偶然现象或因客观因素，在沟通找出妨碍目标达成的原因并制定相应的解决方案后，才可允许其参与新一轮考核周期绩效目标的设置。至此一个完整的目标管理周期结束，根据反馈情况重新回归设定目标的第一步骤，开启新一轮目标管理，周而复始，持续不断地修正目标和提升绩效。

三、目标管理评价

目标管理是德鲁克提出的重要管理思想，其适应了当时的外部环境变化和企业管理实践的需要迅速发展，在政府部门和企业管理中都有许多成功的案例。虽然目标管理不同于传统的管理手段，在当时表现出了极大的优势。但任何管理理论都无法脱离管理实践。随着社会发展，目标管理的推行实践过程中也会遇到种种阻力，其弊端也逐渐显现，不乏失败的案例。

（一）目标管理的优点

1. 重视人的因素，激发员工内在潜力

目标管理是一种民主参与性质的管理工具，也是一种结合了个人需求和组织目标的管理制度。在工作实践里通过下级参与共同确定绩效目标的过程，满足员工自我实现的需要。当目标成为组织的每个部门和成员都欲达成的一种结果时，目标就成为组织成员的内在激励。因此，员工实现目标的过程也是其不断挖掘自身潜力、提升个人能力的过程。

2. 建立目标体系，助力组织实现目标

目标管理通过将组织整体目标逐步分解为各员工分目标的过程，使上下级明确了组织目标以及各自的任务。在目标分解和实施过程中，各部门和员工的相互配合得益于明确的权责。只有个人完成了自己的分目标，组织的总目标才能得以实现。同时，目标管理还迫使上级认真思考实现目标时应采取的方法和可能会遇到的问题，并且向下分权，从而确保了行动计划的切实可行。

3. 重视目标结果，有效提升管理效率

目标管理是一种以结果为导向的管理，以设定目标为起点，衡量目标是否已经实现为终点。绩效是评估目标是否实现的基础，也是评价绩效的唯一依据。这种管理形式能有效地提高组织的管理效率，因为它鼓励组织的每一级都把实现其目标放在首位。至于完成任务的具体过程，管理人员不会过多干预。因此，随着目标管理系统的应用，有效管理和控制目标实现的能力较强。

（二）目标管理的缺点

1. 对目标管理人性假设存疑，不被使用者接纳

目标管理假定人对成就动机有强烈需求，员工愿意接受有挑战性的目标。但这种人性假设过于乐观，忽略了员工的惰性和成熟程度，易导致目标管理的实施效果不佳。管理者担心员工不会恰当地遵循目标管理法设定出的合理目标，或担心下级参加目标设定夺取了上级职权。组织中也存在有不喜欢目标带来压力的员工。因此基于这些原因，当今许多组织将目标管理的应用范围仍局限于中高层管理者。

2. 目标设置过程困难，绩效标准难以选定

目标管理是建立在自我控制和指导的基础上。但在实际的目标设定中，目标管理过分强调以量化指标来衡量绩效，易造成在不易定量的工作领域也强迫使用数字来进行目标设定的现象。而往往组织中许多工作是难以量化的，绩效标准也因人而异，因此作为一种管理工具，目标管理的公平性会遭受到质疑。

3. 倾向于短期目标，导致短视行为

目标管理具有周期性。因为评价周期内达成必要的考核项目给员工带来了强大的考核压力，因而员工可能更倾向于选择短期目标而牺牲长期目标。如研发部门由于要完成短期内产品研发的目标，可能出现重用有经验和资历的老员工，而忽视不熟知的新员工的现象。这最终会导致组织长期利益遭受损失，不利于组织的可持续发展。

专栏 9-1

《三个石匠》的寓言讲述了三个石匠在工作时面对同一询问而回答不同故事。有个人经过一个建筑工地，问那里的石匠们在干什么？第一个石匠回答："我在做养家糊口的事情，混口饭吃"。第二个石匠回答："我在做最棒的石匠工作"。第三个石匠回答"我正在建盖一座教堂"。

启示：当一个人的目标与组织的目标越一致，这个人潜能的发挥将越大，就越会有发展。三个石匠的回答给出了三种不同的目标：第一个石匠属于短期目标导向的眼光，只考虑自己的生理需求，完全没有考虑组织；

第二个石匠属于职能思维导向的眼光，做工作时只考虑本职工作，考虑自己要成为什么样的人，很少考虑组织的要求；第三个石匠的回答道出了目标管理的核心，属于经营思维导向的眼光，在思考目标的时候把自己的工作和组织的目标关联，从组织价值的角度看待自己的发展。应用德鲁克的思想，第三个石匠是一个管理者，因为他用自己的工作影响着组织绩效，在做石匠工作的时候看到了自己的工作与修建教堂的关系。因此无论是作为管理者还是员工，聚焦于目标，精准聚焦于目标才得以拥有更长远的发展。

第二节 标杆管理

一、标杆管理概述

（一）标杆管理的起源

标杆管理的思想可追溯到公元前 4 世纪，源于中国著名军事学家孙武。他在《孙子兵法》一书中写道："知己知彼，百战不殆"，而后西方学者也将《孙子兵法》视为标杆管理的理论基础。

1979 年，美国施乐公司首创标杆管理法（Benchmarking），最先提出了标杆管理这一概念。20 世纪 70 年代末，日本企业借助其成本控制和产品质量的优势，在全球取得了有目共睹的成就。

在此背景下，施乐公司为应对日本公司以成本价出售相似产品，自身市场份额被挤兑的挑战，高级管理层已决定制订一系列计划，以提高生产力和改善产品质量。该公司开始研究和比较客户对其产品的反馈，并将其产品质量与行业内的领先公司进行比较。然后，公司派员工访问其日本合作伙伴和其他日本公司，以了解更多关于其竞争对手的情况。最后公司聚焦于竞争对手是否领先、领先的原因、如何消除存在的差距等关键点，对产品设计到销售流程进行全面对比分析，确定改进目标并制订达成计划。通过实施标杆管理，施乐公司恢复了原有的市场占有率，数年间在行业中质量排名名列第一。

自施乐公司推行标杆管理取得明显成效后，各大企业纷纷效仿。一项调查研究显示，到 1996 年，近九成世界 500 强企业在管理活动中采用了标杆管理工具，如福特、柯达、IBM 等。标杆管理成为最受欢迎的五大商业工具之一。

（二）标杆管理的基本内涵

施乐公司将标杆管理定义为"一个将产品、服务和实践与最强大的竞争对手或者行业领导者相比较的持续流程"。

泰勒在其科学管理原理中将标杆管理定义为一项工作的效率参考标准，是一个有目的的、有目标的学习过程。通过学习，企业可以重新思考和重塑自己的商业模式，学习前沿的模式和理念，并在实践中加以应用，创造出适合自己的新的最佳实践模式。

罗伯特·坎普将标杆管理定义为"一个组织寻找行业内卓越绩效的最佳实践的过程"。一方面，该定义强调卓越绩效，强调唯有最佳实践才能达致卓越绩效，促使员工将寻求最佳实践牢记于心。另一方面，该定义涵盖面广泛，囊括了所有不同水平和类型的标杆管理活动，可适用于不同国家和行业中与产品、服务和产品本身有关的生产过程的不同领域。

美国生产力与质量中心则将标杆管理定义为"标杆管理是一个系统的、持续的评估过程，通过不断地将企业流程与世界上居领先地位的企业相比较，获得帮助企业改善经营绩效的信息"。该定义更详尽地体现了标杆管理的本质内容：学习外部参考物的价值；使用系统的流程进行学习；持续进行与领先实践的比较；驱使改善绩效行为的信息。该定义为百余家大型公司所采用。

综上，本书认为，标杆管理是一种不断寻找和研究行业领先者的最佳实践，并将其作为基准对自己的业务进行比较和分析，不断改进自己的业务，接近或领先于最佳实践，取得优异的成绩的良性循环。它本质上是一个向行业中佼佼者学习的过程，是一个基于模仿的改进创新过程。

二、标杆管理实施步骤

标杆管理的规划实施有一整套逻辑严密的步骤，大体可分为以下五步。

第一步，确认标杆管理的目标与内容。在实施标杆管理的过程中，首先，需要坚持系统优化的思想，聚焦于组织总体的最优，而不是追求组织某个局部流程的优化。其次，需要找出组织运营的瓶颈，从而确定组织需要确定标杆的内容和领域。而这一过程的前提是需要对组织自身现状有着真正的充分了解。标杆内容的确定应从改进和提高组织绩效的角度出发，明确组织或各部门的任务和产出是什么。然后对任务和结果的具体内容进行分析，以便于分析和确定主要任务和内容，确定基准的具体内容。最后，在明确基准内容的基础上，制定有效的实践指南，避免实施过程中的盲目性与局限性。

第二步，选择比较目标。比较目标的目的是选择行业内领先组织的活动，确定行业内领先公司的共同特征，并制定行业标准的核心框架。选择比较目标时有三个标准：第一，应具有卓越的业绩，即对方应是本行业中具有最佳业绩的组织。第二，比较目标的被瞄准领域应与本组织需要进行标杆超越的部门具有相似性，即使比较目标的规模和性质与本组织的相似性不高，也应在特定方面为部门提供良好的借鉴。第三，比较目标要具有可比性，并且是在管理实践中可以模仿。

第三步，收集与分析数据。在选定比较标杆后，组织需要对标杆对象进行数据收集。标杆的资料数据可以是来自单个组织或者部门，也可以来自行业、全国乃至全世界的样本。后者的大样本可以有效反映样本范围内的平均水平，通过比较标杆组织的样本数据与本组织的数据，可以了解组织自身大致处于行业或国内外的何种水平、何等位置，发现绩效水平上的差距和管理实践上的差异，以更好明确未来努力方向，找出改进目标。

第四步，系统学习与改进。这是实施标杆管理的核心步骤，在全面分析内部和外部信息的基础上，将制定一个具体的行动计划，包括规划、措施、实施方法和技术，以促进该计划的有效实施。最重要的是，组织内部必须有一个共识，即实施标杆管理时需要一个能激励员工的环境，使组织成员自觉地学习和模仿创新，实现组织的目标。同时，组织也应将标杆基准融入组织日常管理工作中，使其成为一项持续进行的绩效管理固定活动。

第五步，评价与提高。在标杆管理实施过程中，每一轮都需要对组织和员工的绩效完成情况实施考核与反馈。这一环节的目的是为了发现问题，认真分析并加以及时解决。对于实施效果不佳的原因，需要重新审视标杆研究的假设，弄清楚是由于标杆内容和领域选择有误，还是标杆对象的选择不恰当，分析差距，找出造成实施不力的原因，为下一轮改进打下基础。在此过程中，应具备足够的耐心与恒心，因为标杆管理实施并非是一蹴而就的，而是一个长期渐进的过程，不一定会取得立竿见影的成效。

三、标杆管理评价

企业欲实施标杆管理必须对其有着全面的理解，需要以促进组织战略目标实现与适应于自身组织特点为原则，抓住学习创新的关键要点，才能恰当发挥标杆管理的作用。将标杆管理局限理解于借鉴模仿而不思创新，不但有违标杆管理其本质，也不能从根本上改善组织绩效。

（一）标杆管理的优点

1. 有助于持续改善绩效

标杆管理本身代表的就是一个追求卓越的过程，因此可以说它是种适合绩效改进的管理工具。组织选择这些标杆对象的目的便是要效法它们，并使自身也达到同样的水平，超越继而成为其他组织模仿的对象。在实践过程中，实施标杆管理的组织通过甄选行业内外最佳组织的绩效及实践，依循五个步骤，制定出循环提升的超越机制来提升绩效。

2. 有助于组织的长远发展

标杆管理是组织发掘增长潜力的工具，也是一个循序渐进的长期绩效管理工具。实施标杆管理一段时间的组织，往往因为与行业全面标杆时刻对比，使得个人、部门和组织的潜力被充分激发，向着追求卓越的目标，克服组织内部的短视现象。潜力的充分挖掘，一方面，可以短期激发组织员工的斗志；另一方面，也有利于形成固定的组织文化，实现外在刺激为组织内部内化吸收，塑造自身核心竞争力，为组织长远发展打下坚实的基础。

3. 有助于建立学习型组织

组织可以通过标杆管理方法将自身建成学习型组织。学习型组织本质上是一个能进行创造创新、获取和传递知识的组织。它也具备见贤思齐，随机应变的特点，与标杆管理的关键理念，即模仿的基础上创新是相对应的。实施标杆管理后，该组织确定其产品、服务、生产过程和管理模式的弱点，从标杆组织的成功中学习，并将其应用于自己的业务。

（二）标杆管理的缺点

1. 忽视创新和服务对象的突破

不当的标杆管理缺乏结合自己实际情况的创新，导致组织竞争战略趋同。标杆管理基本思想是模仿、学习、创新超越。因此实行标杆管理的行业中可能所有的组织都模仿领先组织，必然将导致采用相似的手段来改进绩效，长此以往组织之间相对效率差距虽然缩小，但全行业的利润可能趋于下降，进而再加剧了市场竞争，形成"落后—标杆—再落后—再标杆"的恶性循环。因此适当的创新形成自身核心竞争力是必要的，一味地模仿结果往往事与愿违。

2. 过程流程长，易造成管理失控

组织系统由一系列过程组成，过程由一系列任务构成。因此可以说所有的业务、环节和具体活动都可以进行比较和标杆，这造成标杆管理的本质就是一种分散的、渐进的管理工具。因此在实践中，企业往往会设法避免费时费财的标杆大系统，先从小部分开始，进而推进到下一环节。而这个过程中组织并不总是能够完全和最佳地实施标杆管理。因此在实践中，标杆管理工具往往与其他管理工具结合使用，以达到更好的效果。

专栏 9—2

在 20 世纪 90 年代，湖南卫视开创出《快乐大本营》，成为大陆全新的综艺节目。此后，湖南卫视紧跟全球娱乐潮流，不断制定标准，不断改进。近年来，随着湖南卫视娱乐巨头地位的提升和行业竞争的激烈，湖南卫视越来越多地寻找国外同行标杆，引进国外综艺版权。比如 2013 年最火的《爸爸去哪儿》就是从韩国引进的，打造出了我国一流的亲子节目。

启示：湖南卫视的成功离不开对行业内国外标杆的学习借鉴与本土创新。在标杆选取后，对标过程中的战略实施极为重要。湖南卫视通过了解嘉宾选择和编辑风格等关键要素，进行了一次跨国的对标，基本达到了对标对象标准，收视率在同期地方节目中排名第一。通过使用湖南卫视的标杆程序，其他公司可以从他们的经验中学习。这也说明，在标杆管理中，不要盲目模仿被标杆对象的行为，而是要根据现状分析其自身的特点，了解其关键要素，才能创造性地实施标杆管理。最后，达到标杆水平并不是终点，湖南卫视版权的引进也不是终点。如何实现标杆，如何打造标杆，如何成为标杆，打造自己成功的多元化节目才是最终目的。

第三节　关键绩效指标

一、关键绩效指标概述

（一）关键绩效指标的起源

关键绩效指标，英文为 key performance indicators（KPI），最早可追溯至财务管理时代的财务控制指标。当时人们对绩效的理解仅局限于完成的结果，尤其是看重财务结果，因此大多数考评方法的考评指标都来自财务方面。在这时考评指标并没有被命名为关键绩效指标，也没有可以对组织战略目标的实现起到直接的促进作用。但这种以少治多、抓住关键核心的做法可以说是关键绩效指标的雏形，体现了

关键绩效指标的思想。

而随着组织对战略管理的日益重视，人们发现企业战略目标的实现常常依赖于关键业务领域，而这些关键业务领域中又有着部分关键成功要素，其状况的好坏直接影响这关键业务的绩效，并决定着战略目标的实现程度。因此，实施战略管理的关键所在，由重视结果转向至如何确定关键业务领域、如何提炼关键成功要素以及如何在关键业务流程中设置关键绩效指标以便控制关键成功因素并对关键业务进行考评。在管理理念变革的大背景下，关键绩效指标考评法应运而生，其目的是通过这一方法实现绩效考评指标设置中对关键成功要素的控制，进而促进组织战略目标实现。

（二）关键绩效指标的基本内涵

关键绩效指标的理论基础为二八法则。19 世纪末，意大利经济学家帕累托（Pareto Optimality）在研究中发现：少数英国人掌握着大部分的财富，社会财富分配呈现一种不平衡的模式，这便是后来的二八法则。尽管帕累托首先发现了二八法则，但并未在组织实践中有所应用。直至第二次世界大战后，美国工程师朱伦首先将二八法则应用于日本企业实践，促进了第二次世界大战后日本工业的崛起。

劳伦斯·彼得（Laurence J. Peter）在对成功运用二八法则的美、日知名企业的研究中，总结出两点经验：一是需要明确自己企业中 20% 的重点经营是哪些；二是需要明确应采取什么样的措施以确保 20% 的重点经营取得突破。这也正是 KPI 的基本内涵，即一个企业在价值创造过程中，每个部门和每个员工的 80% 的工作任务是由 20% 的关键行为完成的，抓住了 20% 的关键，就抓住了主体重心。关键绩效考评法之"关键"二字正是此意，可以说二八法则运用到绩效管理中的具体的体现就是 KPI。

综上，本书认为，关键绩效指标是一个将组织的战略分解为绩效愿景目标的工具。它通过对组织的战略目标进行不同层次的分解，在内部识别、选择、计算和分析关键的输入和输出过程参数，制定基于目标的量化管理指标，以衡量组织的战略实施效果和过程效率。在这种管理方法中，绩效指标是通过提炼和总结公司及其活动的关键成功因素来制定的。同时其建立起一个量化的绩效衡量标准，以实现战略目标并传达公司的价值观。

二、关键绩效指标实施步骤

一套完整的关键绩效指标体系的设计与实施通常包含如下四个步骤。

第一步，确定工作产出。工作产出是设定 KPI 的基础，主要指某个个体或者团队的工作结果。工作产出可以是一种有形的产品，也可以是某种工作状态结果，如"完成文件的打印与录入"。在确定工作产出时遵循三个原则。首先，是增值产出原则，也叫效益性原则，指工作产出需要保持与组织的目标一致，即产生的直接或间接的工作结果均处在组织的战略目标与价值观念之中。其次，是客户导向原则，无论是组织内部的还是外部的，只要是被考核者工作产出输出的对象都是客户。在此需要把组织内部不同人员或者不同部门之间工作产出的相互输入输出也当作客户关系，并更强调组织内部价值协同。接着是结果导向的原则，确定工作产出前先要考虑最终的工作结果，对于最终结果难以确定的工作，应该采用此过程中的关键行为，如科研人员在长期项目中留下的阶段性成果。最后，是确定权重的原则，根据每项工作成果在实现组织目标中的相对重要性，对其进行适当的加权。这将有利于区分出少数关键指标和大量不关键的指标。

第二步，设定考核指标。在制定具体的绩效评估指标时，通常要从两个方面进行考虑。第一方面是对结果的关注和对过程行为的关注。不同层次的人员其各自承担的责任范围不同，因此其结果指标和行为指标所占的权重也应有所区别。一般而言，对于高层管理者，其 KPI 的结果性越强；对于基层管理者，其 KPI 更强调过程性。第二个方面是在设定 KPI 时，要遵循 SMART 原则，即绩效指标是具体的、可衡量的、可达到的、与其他目标具有一定相关性、有明确的截止期限。另外，在提炼评估指标时，通常可采用以战略为导向设计评估指标、以工作分析为基础设计评估指标、以综合业务流程设计评估指标三种方法来提炼。

第三步，设定考核标准。第二步中的指标，指的是从哪些方面来对工作产出进行衡量或评价。这一步里的标准则指的是在各个指标上分别应该完成到什么样的水平。简而言之，指标解决的是评价什么的问题，标准解决的是要求被考核者做得怎样、做多少的问题。因此在设定时通常需要考虑两类标准：基本标准与卓越标准。基本标准是期望被评估人达到的绩效水平，也是被评估人通过个人努力通常能够达到的水平，用于确定被评估人是否有能力达到基本要求。卓越标准是指不要求被评估者达到的绩效水平，但是是可以实现的。不是所有的被评估者都能达到这个标准，只有一小部分被评估者能做到。卓越标准通常不受限制，主要是为了甄选榜样而设定的。

第四步，审核关键绩效指标。在前三步完成后需要对 KPI 进行审核，其目的主要是确认这些 KPI 是否能够客观反映被考核者的工作绩效，以及是否具有可操作性。审核 KPI 主要从以下七个方面进行。一是工作产出是否为最终产品。二是 KPI 是否是可以被证明和观察的。三是多个考核者采用同一个绩效指标进行评价，结果是否能取得一致。四是指标的总和是否可以囊括被考核者 80% 以上的工作目标。五是是否从客户的角度来界定 KPI。六是是否可以跟踪和监控这些 KPI。七是

151

是否留下了超越标准的空间。

三、关键绩效指标评价

关键绩效指标作为一种绩效管理工具,在绩效管理实践中得到了广泛应用,对员工形成了激励和约束机制。但同时,随着管理实践的不断深入,关键绩效指标也暴露出某些不足和问题。

(一)关键绩效指标的优点

1. 关键绩效指标强调战略性

关键绩效指标框架直接来源于组织的战略,这有助于为组织的活动建立一个统一的方向,推动战略导向,并有助于实现组织的战略目标。当组织的环境或战略发生变化时,关键绩效指标框架和组织的战略之间的动态一致性得以保持,可以使关键绩效指标随之做出相应变化和调整,来引导员工的行为,适应组织战略的新重点,有助于提高绩效管理系统的适应性和反应能力,使关键绩效指标框架成为实施组织战略的工具。

2. 促进组织和个人之间的绩效协调一致

关键绩效指标有助于确保个人绩效与组织绩效保持一致,从而实现组织和员工的双赢局面。通过制定关键绩效指标,组织的战略目标可以有效地分解到组织内的不同单位和个人,从而使个人、单位和组织的目标始终保持一致,为实现相同的目标而共同努力,促进可持续发展。因此,员工为实现个人绩效目标所做的努力,是对组织的绩效和组织的战略目标做出贡献的过程。

3. 有助于抓住关键工作

关键绩效指标强调目的明确、重点突出和以少带多。因此,制定关键绩效指标可以帮助管理者确定工作的优先次序,明确关键单位的责任,实施有效的绩效管理,并减少由于指标的复杂性和工作重点的不明确而导致重要任务被忽视或完成不充分的情况。

(二)关键绩效指标的缺点

1. 指标设定易固定化

通常,关键绩效指标在设定之后应具有一定的稳定性,适用于整个经营周期,否则关键绩效指标体系将失去其连续性和可比较性。但这并不意味着关键绩效指标设定后就是不能改变的。在现实中,组织阶段性的目标或工作中的重点的改变,各部门的目标也会随之改变,阶段性的指标衡量重点也会不同。如果指标设定固定化一成不变，关键绩效指标就会与组织战略目标相脱离，绩效考核将流于形式。

2. 实施过程中易缺乏必要的沟通

在组织中，人员对绩效考核的理解偏差易导致考核流于形式。高层员工把绩效考核与工资待遇等同；基层员工单纯地把绩效考核理解为约束与管制，对考核产生抵触和畏惧，为考核而工作，这些情况的出现都与关键绩效指标的设定初衷相违背。为改变这种情况，管理人员应在绩效考核期间与基层员工定期接触，记录他们工作的事实依据，并确保实现目标的一致性。

3. 过分关注结果，忽视过程监控

科学高效的绩效管理系统要求在关注最终结果的同时，还要求对实现路径进行全程关注，加强目标实现过程中的监控和管理。而关键绩效指标易使得组织仅关注于关键结果，如财务指标，忽略了员工是如何达成的，这将不利于组织的长远发展，无法获得持续稳定的高绩效。

专栏 9-3

绩效考核在各大互联网公司都强调 KPI 的重要性时，小米却号称自己轻管理，极度扁平化，无 KPI。小米的轻管理主要体现在两方面：极度扁平化与去 KPI 的绩效考核。极度扁平化是指小米的组织架构简单，只有核心创始人、业务负责人、普通员工三级。这种极度的扁平化与小米的去 KPI 化的绩效考核相辅相成。2015 年小米销售 8000 万至 1 亿台手机的计划落空。2016 年销量从第一跌落到第五，仅 4150 万台，下跌 36%。至此，小米公司开始反思，小米集团 2019 年宣布施行层级化，共设 10 级，并且制定 KPI 考核。

启示：在小米的去 KPI 化考核中，小米并不是没有 KPI，而是它实行的不是通常意义上的考核指标。传统企业追求的是产品的总销量，在互联网时代，小米追求的是客户满意度。因此，所谓去 KPI，实际上是考核制度的改良，去掉 KPI 设计中不合理的部分。也就是说，去 KPI 化是一种变相 KPI 改良方法。而最后，小米回归到 KPI，是一种必然的选择，在其组织规模扩大、业务条线相对稳定的时候，如何协同那么多人的行动与企业的战略目标保持一致，需要绩效评价工具来进行管控。所以小米从去 KPI 到回归到 KPI，是其组织发展的必然结果。所以绩效评价不是一成不变的，我们需要结合组织的发展阶段来应用不同的绩效评价方法。

第四节　平衡计分卡

一、平衡计分卡概述

(一) 平衡计分卡的起源

在工业时代，实物资本占主导地位。因此，传统的业绩衡量模式侧重于财务指标，而不是非财务指标。随着电子和信息技术的发展，实物资产对企业的重要性逐渐减弱，各组织认识到，由内生因素、业务流程和企业通过系统管理获得的无形资产的总和等，这些要素所构成的非财务业绩与企业的成败有关，人力和智力资本等无形资产已成为现代企业成功的重要因素。传统的财务评估系统不能有效地衡量无形资产，其缺点越来越明显。因此，各组织迫切需要一个新的评估模式来评估公司的无形资产，平衡计分卡在此背景下应运而生。

1990 年，哈佛大学商学院的卡普兰（Robert S. Kaplan）教授和波士顿咨询公司咨询顾问诺顿（David P. Norton）带领研究小组对 12 家公司进行研究，认为过分依靠财务指标会影响公司的创新。因此在经过多番讨论替代方法后，他们决定通过评价财务、客户、内部流程、学习与发展这四种相互存在逻辑关系的组织活动，以这四项构成绩效指标的组合来全面监控与衡量组织的绩效表现，并将其命名为"平衡计分卡"（Balanced Score Card，BSC）。这个绩效指标的组合就是平衡计分卡的原型。1992 年，卡兰普和诺顿总结了小组的研究成果《平衡计分卡——驱动业绩的衡量体系》，并将其发表于《哈佛商业评论》，正式提出平衡计分卡的概念。1993 年，卡兰普和诺顿又在《哈佛商业评论》上发表《让平衡计分卡工作》一文，用几家公司案例说明平衡计分卡的实施方法，进一步丰富了平衡计分卡的理论性与应用性。

(二) 平衡计分卡的基本内涵

平衡计分卡是一种绩效管理方法，它通过四个有逻辑联系的要素和相应的绩效指标来考察一个公司如何实现其愿景和战略目标。这四个基本要素分别是财务、客户、内部流程、学习与发展。

1. 财务

虽然以财务指标为重点的传统企业绩效衡量体系存在缺陷，但这并不意味着财务目标应该被抛弃或废除。财务指标在平衡计分卡中仍有重要地位，因为利润始终是企业追求的终极目标，财务指标仍是其他角度的出发点和落脚点。常见的财务指标包括财务效益状况指标如总资产报酬率、资产运营状态指标如总资产周转率、偿还债务指标如资产负债率、成长性指标如销售增长率、其他财务指标如附加价值率等。

2. 客户

现今企业能否获得可持续发展的关键，仍包括如何向客户提供所需的产品和服务，满足客户需求。卡普兰和诺顿认为，客户服务的五个关键指标是：市场份额、客户保留率、新客户获取率、客户满意度和客户盈利能力。这些指标之间存在着内在的因果关系：客户满意度决定了获得和保留的新客户数量；获得和保留的新客户数量决定了市场份额；前四个指标共同决定了客户的盈利能力；客户满意度取决于公司对客户需求的反应能力，以及产品的功能、质量和价格。

3. 内部流程

传统绩效考评系统注重节约生产成本和监督生产质量。而平衡计分卡以客户满意度为基础，更注重于公司应该采取什么样的管理、什么样的组织和生产什么样的产品。卡普兰和诺顿认为，在为企业内部设立绩效考评指标前，首先需要从创新流程、营运流程、售后服务三个角度分析企业的价值链，在满足顾客需求的基础上建立可达成此目标的衡量指标。与此相对应，平衡计分卡中的内部流程角度的绩效考核指标主要有企业创新、企业生产经营、企业售后服务业绩三个指标。

4. 学习与发展

企业需要不断学习和创新以实现长期增长，而企业的增长与员工的技能发展密切相关。在学习与发展方面，最关键的因素是人才、信息系统和组织程序。因此，从这三个角度出发设计学习与成长的绩效考评系统时，便可将流程改进效率、新产品销售比率、产品开发循环等作为该维度的重要考核指标。

二、平衡计分卡实施步骤

建立以平衡计分卡为基础的企业绩效考核体系，通常需要经由以下三个步骤。

第一步，前期准备。前期准备阶段的关键行动包括组建变革团队、确定愿景、预先宣传和沟通。高级管理层通常没有足够的时间来监督整个平衡计分卡，因此需要一个小型团队来推动平衡计分卡的实施，并在实施的早期阶段充当高级管理层和平衡计分卡项目之间的桥梁。高级管理层应定期与平衡计分卡团队沟通，让他们了解平衡计分卡项目的进展并解决问题。他们还应该定期向平衡计分卡项目的参与者提供反馈，并及时了解平衡计分卡的最新发展。此外，高级管理层应通过制定一套

全面的目标、价值观和衡量指标，在组织员工的共同愿景中阐明组织的使命和战略，这些目标、价值观和衡量指标是组织所有成员所共有的，有助于组织所有成员就组织的使命和战略达成共识。

第二步，绘制战略地图，设计平衡计分卡与绩效考核表。这一步是实施平衡计分卡和绩效管理的重要组成部分，对实施结果直接起到关键作用。为了制定和修订本企业的战略，高级管理层应首先确定对自身企业经营有重大影响的战略环境因素。在此基础上，将指定的战略以绘图的形式展现出来，绘制出战略地图。这一环节也可以被称为战略规划，绘制过程中需要层级对应，由总体企业战略逐步向下延伸至业务战略、职能战略。最后依据绘制好的战略地图，对战略进行层层分解，将战略地图付诸实施。换而言之，这一环节是将战略化为绩效指标，在公司、部门至员工之间进行层层分解，设计出各个层面的平衡计分卡与绩效考核表。

第三步，实施推进。这一步骤是将前期设计的方案付诸实践，通过实施发挥效果。这其中需要注意：首先要组织有关平衡计分卡设计方案的学习。新的设计方案可能改变了企业原有的利益平衡点，对每个员工提出了新的要求，因此需要组织实施人员针对方案进行相关学习、理解与消化，这也直接关系到实施的效果。其次在正式实施前，可以对设计方案进行试运行，即运行试验。前期的试验可以验证出方案的可行性，发现设计方案可能存在的偏差，防治战略绩效变革所带来的风险。最后在完成试运行后，及时进行评估与修正。以信息反馈和反思为基础，从原计划方案的理论性与可行性进行全面评估，根据评估结果进行必要的修正与调整，将学习融会于考评之中。

三、平衡计分卡评价

近几十年来，平衡计分卡作为一种绩效管理工具，已经成为一种系统而全面的战略管理理论，被广泛应用于企业、公共部门和其他类型的组织。但同时，随着适用范围的扩大，平衡计分卡的缺陷与问题也逐渐显露出来。

（一）平衡计分卡的优点

1. 强调了平衡的重要性

平衡计分卡与其他绩效衡量工具不同，它更注重平衡，特别是在以下方面：首先，它强调财务和非财务指标之间的平衡。通过增加未来绩效驱动要素，并平衡其与财务指标之间的关系，弥补了依赖财务绩效指标的局限性。其次，强调组织内部和外部的平衡。平衡计分卡强调了在有效实施战略的过程中平衡内部和外部因素之间的矛盾的重要性，即以股东和客户为形式的外部因素和以员工和内部业务流程为形式的内部因素。最后平衡计分卡强调了滞后指标与超前指标的平衡。滞后指标与过去的业绩有关，例如营业额和客户满意度，这些指标是直观的，容易获得，但缺乏预测能力。超前指标通常是对业务流程和行动的评估，是滞后指标的驱动力，例如，按时和尽快交货是客户满意度的超前指标。在没有超前指标的情况下，滞后指标不能反映实现目标的程度。同样，没有滞后指标的超前指标只能反映短期的改善，而不能说明这种改善是否有利于长期发展。

2. 实现了指标体系四个层面的因果关系

平衡计分卡与其他绩效管理工具的不同在于重视因果关系，是根据企业战略和愿景，由一系列因果关系链贯穿起的一个有机整体，并非是简单的指标混合，更不是主观臆断。例如，通过提高资本回报率来改善企业财务业绩的愿望取决于客户对公司产品的偏好，这可以通过分析客户对交货速度的重视程度来实现。提高交付速度取决于缩短业务流程和提高内部生产过程的质量，而这又取决于高技能员工的辛勤工作和高素质员工的持续教育和培训。因此，它是一个包含平衡计分卡所有方面的因果链。

（二）平衡计分卡的缺点

1. 多角度的关注点可能分散企业的有限资源

为了提高业务绩效，平衡计分卡侧重于四个方面：财务、客户、内部流程以及学习和改进。这意味着，为了取得出色的长期业绩，公司需要超越其财务业绩，以更广泛的视角来看待业务。这可能是一个过于宽泛宏大的目标，会将资源从有真正价值的领域转移出去，如实现股东而非自身的投资回报。此外，组织可能无法确定所选四个领域的相对重要性。

2. 仍属于财务驱动型的绩效评价工具

平衡计分卡考评的重心仍是财务指标。与传统绩效管理工具对比，平衡计分卡只是点明了财务指标的实现路径而已，本质上仍属于财务驱动型的绩效管理工具。这一本质的直接后果，会导致作为一种绩效管理工具，平衡计分卡可能不能准确地运用到非营利部门中。但作为一种战略管理工具，平衡计分卡可以运用到政府部门中已有了管理实践的证明。

3. 四个角度并不能适用于所有企业

实施平衡计分卡的企业可能遍布于各行各业，面临各不相同的竞争环境，导致平衡计分卡的四个角度并不一定能适用于所有的企业。因此，企业在使用平衡计分卡时，应更加看重平衡计分卡的平衡思想，并非仅拘泥于卡普兰与诺顿提出的四个角度。在管理实践中已有很多企业认识到这一点，如有的公司在实施平衡计分卡时，就根据自己的需要添加了"环境与安全"的角度。

专栏 9-4

中国著名的 C 中医医院位于沿海发达地区。为了实现医院的长期愿景，提高医院的整体管理水平，医院的最高管理层引入了平衡计分卡系统来指导医院的战略运作体系。C 医院推出中医医生和传统中药相结合的方式，将其内部和外部的优势结合起来，在临床中医治疗市场上愈发具有竞争力，越来越多到 C 医院就诊的患者积极介绍其家人和朋友到医院就诊。

启示：平衡计分卡系统不仅是一个绩效管理工具，也是一个有效的战略实施工具。基于作为战略的企业愿景，公司的战略目标被分解为四个层次：财务、客户、内部流程以及学习和成长，在各分支机构、部门和员工之间进行量化和评估，然后与能力管理和可变薪酬挂钩，将战略转化为具体行动。平衡计分卡最具创造性的地方在于，它可以作为一张战略地图，以因果关系表示战略目标和关键成功因素以及战略和战术行动计划。战略地图不仅可以提供战略的概况，而且大大促进了组织战略的横向和纵向沟通，使组织的预算和资源分配更加科学合理。这也是为什么即使平衡计分卡运用至非纯营利性部门时，也能取得卓越效果。

复习思考题

1. 目标管理的基本内涵是什么？
2. 如何实施目标管理法？
3. 标杆管理的优劣势有哪些？
4. 标杆管理在实施过程中应注意哪些问题？
5. 关键绩效指标的基本思想和原则是什么？
6. 关键绩效指标的操作步骤有哪些？
7. 平衡计分卡由哪些部分构成？
8. 平衡计分卡的优劣势有哪些？

案例分析题

中外运敦豪案例

"中外运敦豪"（全称为"中外运国际航空快递有限公司"）于 1986 年在北京正式成立。自成立以来，中外运敦豪取得了显著的成绩。

中外运敦豪从 1998 年开始使用卡普兰的作业成本法（Activity-Based Costing，ABC），并对其结果非常满意。因而，中外运敦豪将注意力转向卡普兰的管理工具——平衡计分卡。其认识到平衡计分卡将适合公司的内部组织结构，并可以帮助公司制定一个结合管理目标和奖励制度的模式,中外运敦豪决定开始实施平衡计分卡。

平衡计分卡启动之初,公司首席执行官谢耀沂亲自成立了一个工作小组(平衡计分卡小组),并确定了公司的战略目标,即成为国际快递业中提供最高水平客户服务的市场领导者。在行动期间,许多目标得到了完善。以客户满意度调查为例,最初建议使用第三方调查公司来监测各分支机构,但鲜有调查公司在全国所有城市拥有网络,而且每月进行调查的成本很高。后来,区域管理办公室被要求审查其辖区内的分支机构,并按照公司调查问卷中的问题,了解员工的服务态度、问题的解决等。然而,这种做法破坏了调查的客观性,公司决定改为跨区域访问公司,由北部地区致电南部地区,以避免出现不公平的因素。

通过多年的管理实践,他们认为平衡是四个关键部分的平衡:内部和外部,短期和长期,结果和激励,以及数量和质量。中外运敦豪平衡计分卡包含三个相互关联的部分:财务指标、运营指标(成本和效率)和客户指标,这些数据指标被视作一种通过度量来控制流程的手段。中外运敦豪已经明确表示,为客户提供最佳服务是一个过程,而不仅仅是结果。至今,中外运敦豪已经建立起中国最大的合资快递网络之一,该公司作为中国航空快递业的领导者,在中国市场上占有相当大的份额,地位稳固。

分析与讨论:

1. 平衡计分卡是什么?它由哪些基本要素构成?如何实施平衡计分卡绩效管理工具?

2. 试分析为什么中外运敦豪实施平衡计分卡后取得了成功?其在实施过程中的出色之处在哪里?

参考文献

[1] 加里·德斯勒. 人力资源管理 [M]. 刘昕, 译. 北京: 中国人民大学出版社, 2017.

[2] 赫尔曼·阿吉斯. 绩效管理 [M]. 柴茂昌, 孙瑶, 刘昕, 译. 北京: 中国人民大学出版社, 2013.

[3] 赫尔曼·阿吉斯. 绩效管理 [M]. 4版. 刘昕, 朱冰妍, 严会, 译. 北京: 中国人民大学出版社, 2021.

[4] 戴维·帕门特. 关键绩效指标: KPI的开发、实施和应用 [M]. 3版. 张丹, 商国印, 张风都, 译. 北京: 机械工业出版社, 2017.

[5] 江武峰. 从组织绩效向个人绩效考评延伸的公务员绩效管理——基于税务部门公务员绩效管理的实证分析 [J]. 中国行政管理, 2022, 441 (3): 158-160.

[6] 付亚和, 许玉林, 宋洪峰. 绩效考核与绩效管理 [M]. 3版. 北京: 电子工业出版社, 2017.

[7] 陈文超. 战略绩效管理对企业竞争力提升作用研究 [J]. 人民论坛, 2021, 707 (16): 88-90.

[8] 朱伟. 绩效管理 [M]. 南京: 江苏凤凰科学技术出版社, 2013.

[9] 王艳艳. MBO、KPI、BSC绩效指标体系设计思想比较研究 [J]. 现代管理科学, 2011 (3): 96-98.

[10] 陈蕾. 基于标杆管理的企业绩效评价 [J]. 统计与决策, 2013 (6): 48-50.

[11] 王雪莉, 丁一, 马琳. 绩效管理中的八组重要关系 [J]. 东岳论丛, 2013, 34 (4): 126-130.

[12] 方振邦. 战略性绩效管理 [M]. 北京: 中国人民大学出版社, 2014.

[13] 方振邦, 冉景亮. 绩效管理 [M]. 2版. 北京: 科学出版社, 2016.

[14] 方振邦, 陈曦. 绩效管理 [M]. 北京: 中国人民大学出版社, 2015.

[15] 董克用, 李超平. 人力资源管理概论 [M]. 4版. 北京: 中国人民大学出版社, 2016.

[16] 任康磊. 绩效管理与量化考核从入门到精通 [M]. 北京: 人民邮电出版

社，2019.

[17] 罗哲，沙治慧. 人力资源开发与管理［M］. 成都：四川大学出版社，2007.

[18] 朱伟. 绩效管理［M］. 南京：江苏凤凰科学技术出版社，2020.

[19] 付亚和，许玉林，宋洪峰. 绩效管理［M］. 4版. 上海：复旦大学出版社，2021.

[20] 任康磊. 绩效管理工具OKR KPI KSF MBO BSC应用方法与实战案例［M］. 北京：人民邮电出版社，2021.

[21] 黎金荣. 漠视还是关怀？A企业绩效考核改进中的HRBP伦理研究［J］. 中国人力资源开发，2018，35（5）：108-116.

[22] 喻术红，常春. 对用人单位绩效考核司法审查之正当性与路径［J］. 中国人力资源开发，2022，39（8）：84-94.

[23] 余传鹏，林春培，张振刚，叶宝升. 专业化知识搜寻、管理创新与企业绩效：认知评价的调节作用［J］. 管理世界，2020，36（1）：146-166+240.

[24] 赵君，廖建桥，文鹏. 绩效考核目的的维度与影响效果［J］. 中南财经政法大学学报，2013（1）：144-151.

[25] 陈雨点，王旭东. 华为绩效管理：引爆组织活力的价值管理体系［M］. 北京：电子工业出版社，2021.

附 录

高等教育自学考试

绩效管理
自学考试大纲

(2022 年制定)

Ⅰ 课程性质与课程目标

一、课程性质

"绩效管理"课程是全国高等教育自学考试人力资源管理类专业开设的必修课，是为了培养自学考生掌握和运用绩效管理学的基本理论分析、解决现实绩效管理问题而设置的一门专业基础课程，为人力资源管理类的分支学科提供基本的理论和方法指导。

二、课程目标

学习本课程的主要目标是：通过学习，掌握绩效管理的基本理论和基本方法，掌握一定的绩效管理技能，提高分析问题、解决问题的能力，为以后的实际绩效管理工作奠定理论基础。具体目标是：

1. 使考生对绩效管理方面的基本理论与实务有一个概况性的了解与认识，熟悉绩效管理内涵、基本流程，对绩效管理流程中的方式方法有较深刻的理解，并熟悉和了解各类绩效管理工作。

2. 使考生了解国内外绩效管理问题的现状，掌握分析绩效管理问题的基本方法和基本技能，以后的实际管理工作奠定培养分析、解决各种管理问题的能力，为进一步学习专业课和以后从事绩效管理工作打下基础。

3. 提高考生在经济管理等社会科学方面的素养，为进一步学习其他专业课打下基础。

三、与相关课程的联系与区别

"绩效管理"课程的内容主要包括绩效管理的基础理论、基本流程与工具。其先修课程是"管理学原理""人力资源管理"，这两门课将为"绩效管理"提供基本理论基础。学好本课程，会对绩效管理方面的基本理论与实务有一个概况性的了解与认识，将对人力资源管理类专业后续课程的学习（如工作分析与评价、薪酬管理、培训与人力资源开发等）奠定必要的基础。

四、课程重点

"绩效管理"课程的学习重点包括绩效、绩效管理体系、绩效实施与控制、绩效考核等基本概念和范畴，以及绩效反馈、绩效工具等改进绩效的方法。

Ⅱ 考核目标

本大纲在考核目标中，按照识记、领会、应用三个层次规定应达到的能力层次要求。三个能力层次是递进关系，各能力层次的含义是：

识记（Ⅰ）：要求考生能够识别和记忆本课程中有关绩效、绩效管理、基本概念、特征、类型、等，并能够根据考核的不同要求，做正确的表述、选择和判断。

领会（Ⅱ）：要求在识记的基础上，能把握绩效管理学中的基本概念、基本原理和基本方法，掌握有关概念、原理、方法的区别与联系，理解相关绩效管理实践与理论间的区别和联系。掌握绩效管理流程等基本内容、方法、作用与程序，明确绩效管理流程之间的相互联系与区别并能根据考核的不同要求对相关绩效管理问题进行逻辑推理和论证，做出正确的判断、解释和说明。

应用（Ⅲ）：要求在领会的基础上，熟练地掌握绩效管理方法及技能，绩效管理中的基本知识、基本原理和基本方法，对一些现实的绩效管理问题进行较深入的分析、论证，得出合理的结论或做出正确的判断，提出解决问题的合理方案。

Ⅲ 课程内容与考核要求

第一章 绪论

一、学习目的与要求

通过对本章的学习,能够了解绩效的概念,绩效的特征,绩效管理的概念、特征,绩效管理对组织、管理者和个人的作用,绩效考核,绩效考核的局限,绩效考核向绩效管理发展的趋势。

二、考核内容

第一节 绩效

绩效是组织的使命、核心价值观、愿景和战略的重要表现形式。绩效关系到组织的发展、存亡,关系员工的薪酬福利,是人力资源管理中不可回避的问题。

(一)绩效的内涵
(二)绩效的特征

第二节 绩效管理

绩效管理体现了一种管理思想和管理观念,是对绩效相关问题系统研究。随着人力资源管理理论和实践的不断发展进步,绩效管理日益凸显其价值,并受到理论界与实务界越来越多的关注。

(一)绩效管理的概念
(二)绩效管理的特点
(三)绩效管理的作用

第三节 从绩效考核到绩效管理

绩效考核是指为了评估员工的能力、水平和发展潜力,由此确定其是否合格和是否继续雇佣,并进行工资福利调整以及晋升,从而对员工个人工作期间的绩效和行为进行综合评测的过程。

(一)绩效考核的基本认识

（二）从绩效考核发展到绩效管理

三、考核知识点与考核要求

第一节 绩效

识记：绩效的内涵。
领会：绩效的特征。

第二节 绩效管理

识记：绩效管理的概念。
领会：(1) 绩效管理的特点；(2) 绩效管理的作用。
应用：如何使管理者认识到绩效管理的作用？

第三节 从绩效考核到绩效管理

识记：绩效考核的基本认识。
领会：从绩效考核发展到绩效管理。

第二章 绩效管理体系

一、学习目的与要求

通过对本章的学习，能够描述绩效管理体系、战略性人力资源管理、战略性绩效管理等概念。了解运行良好的绩效管理体系具有的特征，掌握绩效管理体系的构成，绩效管理体系的功能。熟悉如何设计绩效管理体系，设计的步骤和推进的过程。

二、考核内容

第一节 绩效管理体系界定

绩效管理体系是组织为了实现战略目标，结合组织所处的内外环境、发展阶段和基础条件，对组织、部门和员工的绩效进行设计、开发和管理的一整套理念、原则、程序、方法和技术的有机整体。

（一）绩效管理体系的内涵
（二）基于战略导向的绩效管理体系

（三）绩效管理体系评价

第二节 绩效管理体系的构成

绩效管理体系是人力资源管理体系的核心，也是整个企业管理体系中的重要组成部分。

（一）绩效管理体系的构成
（二）绩效管理体系的功能
（三）绩效管理体系的组织环境分析

第三节 绩效管理体系的设计与推行

（一）绩效管理体系的设计
（二）绩效管理体系的推行

三、考核知识点与考核要求

第一节 绩效管理体系界定

识记：绩效管理体系的内涵。
领会：（1）基于战略导向的绩效管理体系；（2）绩效管理体系评价。

第二节 绩效管理体系的构成

识记：（1）绩效管理体系的构成；（2）绩效管理体系的组织环境分析。
领会：绩效管理体系的功能。

第三节 绩效管理体系的设计与推行

识记：绩效管理体系的设计与推行。
领会：（1）绩效管理体系的功能；（2）绩效管理体系的构成。
应用：什么是适合组织的绩效管理体系。

第三章 绩效计划

一、学习目标与要求

通过对本章的学习，能够理解绩效管理系统的构成要素，理解绩效计划在绩效系统中的地位和作用，理解绩效管理目标与标准的含义，掌握绩效计划制定的基本

程序，了解绩效计划沟通过程中应注意的主要问题，掌握绩效目标设定时应遵循的基本原则。

二、考核内容

第一节 绩效计划概念

绩效计划是由管理者和员工共同讨论以确定员工绩效管理周期内应该完成哪些工作和达到怎样的绩效标准，并最终稿达成一致意见、形成契约（绩效计划书）的过程。

（一）绩效计划的特点
（二）绩效计划的类别
（三）绩效计划的地位与作用

第二节 绩效目标的确定

绩效目标是在绩效标准的基础上，考虑各部门和员工现有的绩效水平，体现了管理者对部门与员工的具体要求，目标的典型特征是必须具有挑战性。

（一）绩效目标的意义及其作用
（二）绩效目标的类型
（三）绩效目标制定和实施中所存在的问题和困难

第三节 绩效计划制定的方法与程序

绩效计划是管理者与被管理者经过相互沟通磋商实现的，通过沟通，管理者与被管理者对每项工作目标进行讨论并达成一致。

（一）计划沟通的前置工作
（二）沟通过程的原则与内容
（三）绩效计划的审定与确认

三、考核知识点与考核要求

第一节 绩效计划概念

识记：绩效计划概念界定。
领会：(1) 绩效计划的特点；(2) 绩效计划的类别；(3) 绩效计划的地位与作用。

第二节　绩效目标的确定

识记：绩效目标的类型。

领会：（1）绩效目标的意义及其作用；（2）绩效目标制定和实施中所存在的问题和困难。

第三节　绩效计划制定的方法与程序

识记：沟通过程的原则与内容。

领会：绩效计划的审定与确认。

应用：计划沟通的前置工作。

第四章　绩效实施与控制

一、学习目的与要求

通过对本章的学习，了解如何在整个绩效实施的过程中信息收集的方法，如何进行有效的沟通方式方法和注意事项，掌握绩效实施的概念、特征、绩效信息收集原则等内容，熟悉绩效实施的必要性、绩效信息的分类、员工在绩效执行过程中的信息收集和常用的信息收集方式等内容。

二、考核内容

第一节　绩效实施与控制的概念

绩效实施与控制指员工根据已经制订好的绩效计划开展工作，管理者在这一过程中对员工的工作进行指导和监督，对发现的问题及时协助解决，并根据实际工作进展情况对绩效计划进行适当调整的过程。

（一）绩效实施的特征

（二）绩效实施的必要性

（三）绩效实施步骤

第二节　持续的绩效沟通

持续的绩效沟通是管理者和下属相互交流信息的过程，这个过程是在员工工作中遇到重点和难点部分，是在管理者的帮助和指导下而开展的。

（一）持续的绩效沟通原则

（二）持续沟通的方式
（三）持续沟通的艺术性

第三节　绩效信息收集

绩效信息收集能够帮助管理者如果能够充分把握和运用这些信息，并运用到制定具体的绩效计划和实施绩效管理方案的过程中，将能够提升绩效计划制定的效率和质量。

（一）绩效信息的分类
（二）绩效信息收集的意义
（三）绩效信息的收集方法
（四）绩效信息收集的原则

三、考核知识点与考核要求

（一）绩效实施与控制的概念
识记：绩效实施步骤
领会：（1）绩效实施的特征；（2）绩效实施的必要性。
（二）持续的绩效沟通
识记：（1）持续沟通的艺术性；（2）绩效沟通的艺术性。
领会：持续的绩效沟通原则
应用：领导者在持续个沟通中应掌握哪些原则
（三）绩效信息收集
识记：（1）绩效信息的分类；（2）绩效信息的收集方法。
领会：（1）绩效信息收集的意义；（2）绩效信息收集的原则。

第五章　绩效考核

一、学习目的与要求

通过对本章的学习，了解绩效考核的概念、目标、意义等基本内容，掌握绩效考核与绩效管理的区别、绩效考核的原则、考核指标体系确定的原则，熟悉绩效考核的主体、考核主体的选择与培训等内容。

二、考核内容

第一节 绩效考核的含义、目标与意义

绩效考核作为现代组织管理的核心环节之一,对提升组织业绩的作用已经受到了普遍的关注,系统了解其内涵、目标和意义十分重要。

(一) 绩效考核的含义

(二) 绩效考核的目标

(三) 绩效考核的意义

第二节 绩效考核的原则

绩效考核的结果广泛应用于组织的各项管理决策中,为了确保绩效考核结果的准确性,组织在进行绩效管理的过程中必须遵循一定的原则。

(一) 绩效考核的原则

(二) 绩效考核指标确定的原则

第三节 绩效考核的主体

考核主体是指对员工绩效进行考核的人员。考核主体的选择会对绩效考核结果的信度和效度产生直接的影响。

(一) 考核主体

(二) 考核主体的选择

(三) 考核主体的培训

三、考核知识点与考核要求

(一) 绩效考核的含义、目标与意义

识记:(1) 绩效考核的概念;(2) 绩效管理与绩效考核的区别。

领会:(1) 绩效考核的目标;(2) 绩效考核的意义。

(二) 绩效考核的原则

识记:(1) 绩效考核的原则;(2) 绩效考核指标确定的原则。

领会:(1) 绩效考核原则的必要性;(2) 举例说明绩效考核实践中遵循的原则。

(三) 绩效考核的主体

识记:(1) 考核主体;(2) 考核主体的选择。

领会:(1) 考核主体培训的必要性;(2) 考核主体培训的主要内容。

第六章 绩效考核办法

一、学习目的与要求

通过对本章的学习，了解绩效考核方法的分类，掌握常见的绩效考核方法以及各种方法的概念、运用流程、适用范围、优缺点，熟悉各种绩效考核方法间的异同，能够根据实际需要选择合适的考核方法。

二、考核内容

第一节 比较法

比较法通过将员工们的工作绩效进行相互比较，得出一个相对优劣的绩效考核结果，是一种相对评价方法。

（一）排序法

（二）配对比较法

（三）人物比较法

（四）强制分布法

第二节 量表法

量表法是一种绝对评价方法，要求给每项评价指标分配一定分数或权重，然后评价者根据员工表现给每项指标赋分，最后汇总出绩效成绩作为考核结果。

（一）图尺度量表法

（二）行为锚定量表法

（三）行为观察量表法

（四）因素考核法

（五）360°考核法

第三节 描述法

描述法指考核主体用叙述性文字来描述员工在工作能力、工作业绩、工作态度等方面的绩效表现，以及需要改进的事项或关键事件，从而得到对员工的综合考核结果。

（一）态度记录法

（二）工作业绩记录法

（三）指导记录法
（四）关键事件法

三、考核知识点与考核要求

（一）比较法
识记：（1）排序法；（2）配对比较法。
领会：（1）人物比较法；（2）强制分布法。
应用：明确四种比较法各自的适用范围和优缺点。

（二）量表法
识记：（1）图尺度量表法；（2）行为观察量表法；（3）因素考核法。
领会：（1）行为锚定量表法；（2）360°考核法。
应用：（1）根据实际需求选择合适的量表工具；（2）设计所需绩效考核量表。

（三）描述法
识记：（1）态度记录法；（2）工作业绩记录法。
领会：（1）指导记录法；（2）关键事件法。
应用：明确四种描述法各自的适用范围和优缺点。

第七章 绩效反馈

一、学习目的与要求

通过本章学习，了解绩效反馈的形式、绩效面谈中，管理者和员工需要做哪些准备、绩效反馈的有关内容，掌握绩效反馈的定义和意义、绩效面谈的含义和原则和作用、绩效面谈的在绩效反馈中重要作用以及掌握绩效改进的含义和措施，熟悉绩效面谈的重要地位、绩效改进的指导思想以及组织和员工的改进。

二、考核内容

第一节 绩效反馈的含义与形式

（一）绩效反馈的定义
（二）绩效反馈的意义
（三）绩效反馈的形式

第二节 绩效反馈面谈

（一）绩效反馈面谈的概念

（二）绩效面谈的原则

（三）绩效面谈的作用

（四）绩效面谈的准备

第三节　绩效改进

（一）绩效改进的指导思想

（二）绩效改进计划

（三）组织和员工的改进

（四）绩效申诉

三、考核知识点与考核要求

（一）绩效反馈的含义与形式

识记：绩效反馈的形式。

领会：(1) 绩效反馈的定义；(2) 绩效反馈的意义。

（二）绩效反馈面谈

识记：(1) 绩效反馈的概念；(2) 绩效面谈的准备。

领会：(1) 绩效面谈的原则；(2) 绩效面谈的作用。

应用：(1) 管理者在绩效面谈反馈前应该做哪些准备。

（三）绩效改进

识记：(1) 组织和员工的改进；(2) 绩效改进的指导思想；(3) 绩效反馈。

领会：绩效改进计划。

第八章　考核结果的应用

一、学习目的与要求

通过本章的学习，理解并掌握绩效改进计划，理解绩效考评在招聘过程中的作用，理解绩效考评与人力资源规划的关系，理解绩效考评与员工培训的关系，理解绩效考评对企业激励机制建立的意义，理解绩效考评与人事调整的关系。

二、考核内容

第一节　绩效考核结果与人员招聘

招聘是现代企业管理过程中一项重要的、具体的、经常性的工作。它是人力资源管理活动的基础和关键环节之一。它直接关系到企业各级人员的素质和企业各项工作的顺利开展。

（一）员工招聘及录用概述

（二）绩效考核结果在招聘录用中的应用

第二节 绩效考核结果与薪酬管理

薪酬管理是指企业在其经营战略和发展规划的指导下，综合考虑各种外部因素的影响，确定自己的薪酬水平、薪酬结构和薪酬形式，进行薪酬调整和薪酬控制的全过程。

（一）薪酬管理概述

（二）绩效考核结果在薪酬管理中的应用

第三节 绩效考核结果与人力资源规划

人力资源规划，指为实施企业发展战略，实现其目标，根据企业内外部环境的变化，运用科学的方法对所属人力资源的供需进行预测，制定相宜的政策与措施，从而使企业人力资源供给和需求达到平衡的过程。

（一）人力资源规划原理

（二）绩效考核结果在人力资源规划

第四节 绩效考核结果与员工发展

员工发展规划是指员工在一定时期内完成有关工作绩效及改进工作能力的系统计划。

（一）员工发展规划的内容

（二）绩效考核结果在员工发展规划的应用

三、考核知识点与考核要求

（一）绩效考核结果与人员招聘

领会：（1）员工招聘及录用概述；（2）绩效考核结果在招聘录用中的应用。

（二）绩效考核结果与薪酬管理

识记：薪酬管理的概念。

领会：绩效考核结果在薪酬管理的应用。

（三）绩效考核结果与人力资源规划

识记：人力资源规划。

领会：绩效考核结果在人力资源规划的应用。

（四）绩效考核结果与员工规划

领会：(1) 员工规划；(2) 绩效考核结果在员工规划中的应用。

第九章　绩效管理工具

一、学习目的与要求

通过对本章的学习，能够了解目标管理、标杆管理、关键绩效指标、平衡计分卡四大绩效管理工具的起源、发展、概念、基本内涵、优势和局限。掌握如何设计四大绩效管理工具的绩效评价指标，熟悉实施步骤和推进的过程。

二、考核内容

第一节　目标管理

目标管理是美国著名管理学家彼得·德鲁克提出的重要绩效管理工具之一。它是一种参与的、民主的、自我控制的管理方法，也是一种把个人需求和组织目标结合起来的管理方法。

（一）目标管理的起源与发展

（二）目标管理的基本内涵

（三）目标管理的实施步骤

（四）目标管理的优劣评价

第二节　标杆管理

标杆管理法由美国施乐公司于1979年首创。它是一种有目的、有目标的学习过程，是一种面向实践，面向过程的以方法为主的管理方式。同时标杆管理也是一种直接的、中断式的、渐进的绩效管理工具。

（一）标杆管理的起源与发展

（二）标杆管理的基本内涵

（三）标杆管理的实施步骤

（四）标杆管理的优劣评价

第三节　关键绩效指标

关键绩效指标的核心思想为二八法则。它是一种衡量流程绩效的目标式量化管理工具，把企业的战略目标分解为可操作的工作目标。同时它也是多数企业绩效管理的基础。

(一) 关键绩效指标的起源与发展

(二) 关键绩效指标的基本内涵

(三) 关键绩效指标的实施步骤

(四) 关键绩效指标的优劣评价

第四节 平衡计分卡

平衡计分卡于 20 世纪 90 年代由卡普兰和诺顿提出。它是一种可以将企业战略目标逐层分解转化为各种具体的相互平衡绩效考核指标体系，为企业战略目标的完成建立起可靠的执行基础的绩效管理工具。

(一) 平衡计分卡的起源与发展

(二) 平衡计分卡的基本内涵

(三) 平衡计分卡的实施步骤

(四) 平衡计分卡的优劣评价

三、考核知识点与考核要求

(一) 目标管理

识记：(1) 目标管理的起源；(2) 目标管理的定义与基本内容；(3) 目标管理的优点与缺陷。

领会：(1) 目标管理的具体实施步骤；(2) 目标管理实施步骤中的注意事项。

应用：联系实际与案例分析目标管理的管理实践。

(二) 标杆管理

识记：(1) 标杆管理的起源；(2) 标杆管理的定义与基本内容；(3) 标杆管理的优点与缺陷。

领会：(1) 标杆管理的具体实施步骤；(2) 标杆管理实施步骤中的注意事项。

应用：联系实际与案例分析标杆管理的管理实践。

(三) 关键绩效指标

识记：(1) 关键绩效指标的起源；(2) 关键绩效指标的定义与基本内容；(3) 关键绩效指标的优点与缺陷。

领会：(1) 关键绩效指标的具体实施步骤；(2) 关键绩效指标实施步骤中的注意事项。

应用：联系实际与案例分析关键绩效指标的管理实践。

(四) 平衡计分卡

识记：(1) 平衡计分卡的起源；(2) 平衡计分卡的定义与基本内容；(3) 平衡

计分卡的优点与缺陷。

领会：(1) 平衡计分卡的具体实施步骤；(2) 平衡计分卡实施步骤中的注意事项。

应用：联系实际与案例分析平衡计分卡的管理实践。

Ⅳ 关于大纲的说明与考核实施要求

为使本大纲在个人自学、社会助学和课程考试命题中得到贯彻、落实,现对有关问题做如下说明,并提出具体考核实施要求。

一、自学考试大纲的目的和作用

本大纲根据专业自学考试计划的要求,结合自学考试的学生特点规定了课程学习的内容、深广度、考试范围和标准,其目的是对个人自学、社会助学和课程考试命题进行指导和规定,因此,它是编写自学考试教材和辅导书的依据,是社会助学组织进行自学辅导的依据,是自学者学习教材、掌握课程内容知识范围和程度的依据,也是进行自学考试命题的依据。

二、课程自学考试大纲与教材的关系

《绩效管理》课程自学考试大纲是进行学习和考核的依据,教材的内容是大纲所规定的课程知识和内容的扩展与发挥。课程内容在教材中可以体现一定的深度或难度,但在大纲中对考核的要求一定要适当。

大纲与教材所体现的课程内容基本一致,大纲规定的课程内容和考核知识点,教材里全部覆盖。反过来教材里有的内容,大纲里就不一定体现。(注:如果教材是推荐选用的,其中有的内容与大纲要求不一致的地方,应以大纲规定为准。)

三、关于自学教材

《绩效管理》,全国高等教育自学考试指导委员会组编,罗亚玲、黄国武主编,四川大学出版社,2022年版。

四、关于自学要求与方法的指导

本大纲的课程基本要求是依据专业考试计划和专业培养目标而确定的。课程基本要求还明确了课程的基本内容,以及对基本内容掌握的程度。基本要求中的知识点构成了课程内容的主体部分。因此,课程基本内容掌握程度、课程考核知识点是高等教育自学考试考核的主要内容。

为有效地指导个人自学和社会助学,本大纲已指明了课程的重点,在章节的基本要求中一般也明确了学习的重点。

考生应依据本考试大纲规定的考试内容和考核目标,认真学习,在全面了解课

程的体系基础上,掌握本大纲规定的基本概念与基本原理。在学习中要紧密联系实际,在理解的基础上记忆,切忌死记硬背。要学会分析案例,解决实际问题,把学科理论的学习融入对经济活动实践的研究和认识之中,切实提高分析问题、解决问题的能力。真正掌握课程的核心内容。考生在学习本课程时,结合自己学习特点的同时,需注意把握以下学习方法:

一是依据本大纲,学习好本课程;

二是要参加辅导课的学习,并在课后要全面系统地复习,将考核要求中识记规定的基本概念、基础知识记忆好理解透,将考核要求中领会规定的重点内容联系起来,切忌孤立地去猜重点、背重点;

三是将所学习的知识或理论与实际工作中的问题联系起来,去发现、分析、解决问题,加深对所学理论的理解。

五、对社会助学的要求

(1)社会助学者应根据本大纲规定的考试内容和考核目标认真钻研指定教材,对自学应考者进行切实有效的辅导,引导他们防止自学中的各种偏向,体现社会助学的正确导向。

(2)要正确处理基础知识和应用能力的关系,努力引导自学应考者将基础知识转化为实际应用能力。在全面辅导的基础上,重点培养和提高自学应考者独立分析和应用的能力。

六、对考核内容的说明

本课程要求考生学习和掌握的知识点内容都作为考核的内容。课程中各章的内容均由若干知识点组成,在自学考试中成为考核知识点。因此,课程自学考试大纲中所规定的考试内容是以分解为考核知识点的方式给出的。由于各知识点在课程中的地位、作用以及知识自身的特点不同,自学考试将对各知识点分别按三个能力层次确定其考核要求。

七、关于命题考试的若干规定

(1)本课程考核方法采用闭卷笔试形式,满分100分,60分为及格。考试时间为150分钟。

(2)本大纲各章所规定的基本要求、知识点及知识点下的知识细目,都属于考核的内容。考试命题既要覆盖到章,又要避免面面俱到。要注意突出课程重点、章节重点,加大重点内容的覆盖面。

(3)命题不应有超出大纲中考核知识点范围的题,考核目标不得高于大纲中所规定的相应的最高能力层次要求。命题应着重考核自学者对基本概念、基本知识和基本理论是否了解或掌握，对基本方法是否会用或熟练。不应出与基本要求不符的偏题或怪题。

（4）本课程在试卷中对不同能力层次要求的分数比例大致为：识记占 30%，领会占 40%，应用占 30%。

（5）要合理安排试题的难易程度，试题的难度可分为易、较易、较难和难四个等级，每份试卷中不同难度试题的分数比例一般为 2∶3∶3∶2。必须注意试题的难易程度与能力层次有一定的联系，但二者不是等同概念，在各个能力层次都有不同难度的试题。

（6）课程考试命题的主要题型一般有单项选择题、多项选择题、判断说明题、简答题、论述题和案例分析题等。

（7）为了考生详细了解试卷的有关情况，附上样卷，供参考。

Ⅴ 参考样卷

一、单项选择题（本大题共 15 小题，每小题 1 分，共 15 分）

1. 下面哪项不属于绩效管理的特点（ ）
   A. 目标导向 B. 科学性
   C. 协同性   D. 公平性

2. 绩效考核往往具有明确的结果导向，在考核中以控制为核心，实现对组织部门和所属员工行为的全方面管理和评估，员工的从属性较强。而绩效管理突出组织的战略目标，以更加长远的发展为出发点，需要把控宏观环节，促进员工的成长和组织发展结合，这里体现的是绩效考核与绩效管理在哪方面的不同（ ）
   A. 出发点的差异   B. 涉及的内容不同
   C. 所产生的影响和作用不同 D. 涉及的流程不同

3. ＿＿＿＿＿＿是人力资源管理体系的核心，是整体组织运行管理的重要组成部分（ ）
   A. 绩效管理体系 B. 绩效评价体系
   C. 绩效反馈体系 D. 绩效控制体系

4. 通过绩效管理体系能够给组织呈现出员工能力与水平的精准画像，有利于组织发现员工完成绩效计划中存在的不足之处，并通过综合分析寻找到原因，从而充分利用组织内外的资源对员工开展针对性的培训和开发，进而提升员工的工作能力和水平，更加胜任工作要求。这属于绩效管理体系的哪项功能（ ）
   A. 战略功能 B. 管理功能
   C. 开发功能 D. 维护功能

5. 一名航空公司的飞行员要想获得驾驶资格，必须掌握许多常识及飞行专业知识，以及其他要求，这实际上是对飞行员工作岗位的（ ）要求。
   A. 能力   B. 任职资格
   C. 素质模型 D. 经验答案

6. 绩效信息是绩效管理工作的（ ）
   A. 基础   B. 核心
   C. 中心环节 D. 结果

7. 在绩效考核目标的三维度论中，最具代表性的是道格拉斯·麦格雷戈所提出的观点，以下哪一项不属于他所提出绩效考核目标的三维度？（ ）。

A. 管理目标 B. 信息目标
C. 系统维护目标 D. 激励目标

8. 绩效考核已经成为现代企业人力资源管理的关键一环，深入了解绩效考核的意义，对于正确发挥绩效考核的作用十分重要，以下哪一项不属于绩效考核的意义？（　）

A. 为薪酬和职位调整提供依据

B. 调动员工工作的主动性

C. 有利于迅速开展工作

D. 实现劳动过程的控制

9. 下列属于相对评价的评价方法是（　）

A. 配对比较法 B. 关键事件法
C. 因素考核法 D. 360°考核法

10. 下面不属于关键事件法的优点的是（　）

A. 能给予明确绩效反馈 B. 设计成本低
C. 较为客观 D. 易于对员工横向比较

11. 管理者在绩效面谈时中在将原因归结到员工个人品德、态度等方面，没有遵循下列哪项原则（　）

A. 及时性原则 B. 对事不对人原则
C. 以事实为依据 D. 以上都对

12. 组织在绩效反馈完成后，应该在什么地方开始绩效改进

A. 正式汇报 B. 日常工作生活
C. 绩效奖励 D. 非正式场合

13. 绩效考核结果在招聘、录用中的应用，下面说法错误的是（　）

A. 根据绩效考评的结果，我们可以获得空缺职位的要求

B. 对新员工的考评是在招聘录用后就已经结束了

C. 可以根据事先确立的职位要求，选择符合职位要求的新员工

D. 每个人的能级水平与他/她的职位水平和职位的能级水平要求相对应

14. 关键绩效指标法（KPI）是企业制定绩效考核指标的重要方法。下列对关键绩效指标法的理解，正确的是（　）。

A. 关键绩效指标必须具有可考核性，指标必须是数量化的

B. 关键绩效指标只适用于中高层管理人员的考核

C. 关键绩效指标可量化被考核者的当期绩效

D. 关键绩效指标是对企业所有经营活动的测量，反映员工的整个工作过程

15. 企业采用目标管理法进行绩效管理，在下属执行目标的过程中，上级做得

不恰当的是（　　）。

　　A. 提高下属的工作意愿

　　B. 给予下属支持与协调

　　C. 避免与下属交换意见

　　D. 适当给下属授权

二、多项选择题（本大题共 5 小题，每小题 2 分，共 10 分）

16. 绩效的学说有哪几类？

　　A. 绩效结果说　　　　　　B. 行为和结果综合说

　　C. 绩效行为说　　　　　　D. 绩效目标说

　　E. 绩效目标行为说

17. 非正式沟通的类型有哪些（　　）

　　A. 非正式汇报　　　　　　B. 工作之余的沟通

　　C. 工作日志　　　　　　　D. 开放式的工作环境

　　E. 漫游式管理

18. 为了确保绩效考核结果的准确性，组织在进行绩效管理的过程中必须遵循一定的原则，绩效考核的原则包括（　　）。

　　A. 全面性原则　　　　　　B. 关联性原则

　　C. 及时反馈原则　　　　　D. 公开性和民主性原则

　　E. 效率原则

19. 绩效考核结果在薪酬管理中有何应用（　　）

　　A. 用于确定奖金分配方案

　　B. 用于固定调整员工薪资的依据

　　C. 作为福利、津贴制度变革的尝试

　　D. 提供高效度的人力资源信息

　　E. 促进人员流动

20. 下列关于标杆管理的说法中，正确的是（　　）。

　　A. 标杆管理是一个认识和引进最佳实践，以提高绩效的过程

　　B. 标杆管理的目的在于提高组织绩效，追求卓越

　　C. 标杆管理于 20 世纪 50 年代初期被引入公共管理领域，成为推动政府绩效改进的重要工具之一

　　D. 标杆管理是一种通过相互比较来改善本部门、本组织绩效的管理方式

　　E. 以上都对

三、判断说明题（本大题共5小题，每小题3分，共15分）

21. 绩效考核就等同于绩效管理。（　）

22. 直接上级和员工就绩效考核目标达成一致时，每一目标设定的标准和期限都要和员工达成一致。（　）

23. 绩效考核主体的选择会对绩效考核结果的信度和效度产生直接的影响。（　）

34. 管理实践中，通常单独使用描述法来进行绩效评价（　）

35. 图尺度量表法的优点是实用性强而开发成本低，评价结果较为客观（　）

四、简答题（本大题共4小题，每小题5分，共20分）

26. 使用关键事件法来进行绩效考核通常有哪些步骤？

27. 同其他绩效考核方法比较，360°考核法有哪些优势？

28. 简述绩效考核需要遵循的原则。

29. 简述绩效考核主体的培训内容。

五、论述题（本题10分）

30. 与传统考核方法相比，平衡计分卡的"平衡"的含义是什么？

四、案例分析（本大题共2小题，每小题15分，共30分）

31. 小米公司正式成立于2010年4月，并于2018年7月9日在香港联交所主板上市。小米公司是一家以智能手机、智能硬件和IoT平台为核心的消费电子及智能制造公司。根据Canalys数据，2022年第二季度在全球范围内手机出货量排名第三。小米还建立了世界领先的消费级AIoT（AI+IoT）平台，截至2022年6月30日，AIoT平台已连接的IoT设备数（不包括智能手机、平板及笔记本电脑）已突破5.2亿。小米产品遍布全球100多个国家和地区。2022年8月，小米第四次入选《财富》全球500强，排名第266位，比2021年上升72位。

小米在创业初期，提出去KPI的管理模式，初衷值得称道。事实也验证了这一点：小米于2010年4月成立，2011年销售手机30万台，2012年销售719万台，2013年销售1870万台，2014年达到6112万台。对外宣扬"去管理、去KPI"，一时成为热点话题，引起管理界颇多争议，甚至将其作为小米成功的密码。

但在后来的发展历程中，拐点出现在2015年，小米销售8000万至1亿台手机的计划落空。虽然2016年将继续坚持"去KPI"战略，但随着小米出货量的继续下跌，小米开始管理转型。2019年雷军在复旦企业管理杰出贡献奖的颁奖晚会上说到了三点，可以作为我们分析小米这家公司对绩效管理思想的变化的参考点：1. 找到志同道合的人才是最核心的事情，不需要管理的人有三大特质：能力、责任心、自驱力；2. 简单机械的KPI制度不可行，真正的KPI应该和企业的使命和价值观紧密相连；3. 坚持扁平化，在相对平等的氛围里面，每一个业务单元都具备非常强的主动性。在这一次的讲话中，雷军没有讲到不需要KPI，而是说KPI不能简单机械的执行。先从部门开始，试行层级划分、KPI考核、并严格打卡，并推广到全公司。2019年2月16日，小米宣布推行层级化，共设10级，头衔分为专员、经理、总监和副总裁及以上。

（1）绩效管理的作用？

（2）如何看待在小米公司的发展历程中，绩效考核工具的使用？

32. 海底捞成立于1994年，是一家以经营川味火锅为主、融汇各地火锅特色一体的大型跨省自营餐饮品牌火锅店，全称是四川省简阳市海底捞餐饮有限股份公司。在北京、上海、成都、郑州、西安、简阳等城市开有连锁门店，截至2021年12月31日，海底捞全球门店网络1443家，其中1329家位于中国大陆地区，114家位于中国港澳台地区及其他11个国家，营业额达到了411.12亿元。

海底捞是一家火锅店，而他为大众津津乐道的不是火锅的味道却是其出乎消费者意料的服务。可以这样说海底捞的核心竞争力就是其出乎消费者意料的服务，其背后更是蕴藏着一套行之有效的绩效管理体系。

海底捞绩效考核注重过程与公平。

海底捞不考核利润，按照海底捞自己的说法，"利润只是做事的结果，事做不好，利润不可能高；事做好了，利润不可能低"。但不考核不等于不关注。海底捞自己总结到，"稍有商业常识的干部和员工，不会不关心成本和利润。你不考核，仅仅是核算，大家都已经很关注了；你再考核，关注必然会过度"。因此，海底捞绩效考核注重的是取得利润这个过程，过程做好了，利润自然上来。同时，海底捞采取的是小区考核门店。因为每个区打的分值不一样，海底捞就采用绝对值判断，分为A、B、C三个等级。这个机制的好处在于让门店有危机感，促进门店之间的优良竞争，因为不知道分数排到第几名的时候会努力提高绩效的分数，就会各方面去做好。

海底捞绩效考核指标的设置——体现战略。

海底捞对每个火锅店的考核只有三类指标：一是客户满意度，二是员工积极性，三是干部培养。所有这些指标，都是围绕海底捞的战略来进行设置的。即想尽一切办法提升客户满意度，海底捞相信"客人是一桌一桌抓来的"，而唯有满意的员工，才能提供令客户满意的服务，所以注重员工积极性的提升，而只有符合海底捞要求的干部，才能带出能提供令客户满意服务的员工，这相当于是一环扣一环的关系。对指标进行考核很容易，但关键是对这些指标的坚守。在海底捞，这三个指标不仅决定了店长的奖金，甚至提升和降职也根据这三个指标。例如，海底捞的店长只是业绩做得好还不行，还要看你能不能培养干部。在海底捞，能培养干部的干部晋升得最快。如果你只能自己干，不会用人和培养人，说明人家跟着你，没有大出息。2010年，海底捞就一口气免了三名这样兢兢业业但是不会培育人的店长。

另辟蹊径的考核办法——绩效管理的关键是中层干部。

海底捞现在的考核体系全部都是由上级考核下级，上级考核有一个班子和团队，这个团队在海底捞工作很多年，非常有经验，而且很多当过店长，之后才进入绩效考核团队。海底捞对"客户满意度"的考核，不是通过给客人发满意度调查表来进行的，而是让店长的直接上级——小区经理经常在店中巡查。小区经理不断地同店长沟通，客户哪些方面的满意度比过去好，哪些比过去差，熟客是多了还是少了。对员工满意度的考核，也是通过上级的判断来进行的，同时摸索出一套验证流程和标准，如抽查和神秘访客等方法对各店的考核进行复查。建立越级投诉机制，当下级发现上级不公平，特别是人品方面的问题时，下级可以随时向上级的上级，直至大区经理和总部投诉。

不难看出，海底捞的业绩管理和门店扩张，靠的是能够理解、执行和贯彻海底捞使命、文化和管理要求的店长等中层干部。对员工的绩效管理，靠的是懂行的管理者的"人"的判断，是以充满人文关怀的政策，这也是海底捞取得成功的最大原因。

(1) 海底捞的绩效管理中，体现了书本上绩效管理的哪些环节？

(2) 海底捞成功进行绩效管理的关键在于哪些方面？如何保障这些方面的内容得以执行？

Ⅵ 参考样卷答案

一、单项选择题

1. B 2. A 3. A 4. C 5. B 6. A 7. C 8. C 9. A 10. D
11. B 12. B 13. B 14. C 15. C

二、多项选择题

16. ABC 17. ACDE 18. ABCD 19. ABC 20. ABD

三、判断题

21. × 22. × 23. √ 24. √ 25. ×

四、简答题

26. 第一步确定某个职位或某项工作的关键事件；第二步根据所确定的关键事件，来记录员工在该时间上的实际表现；第三步根据记录进行摘要评分；第四步与员工进行评估面谈，纠正员工的行为表现。

27. 一是较为客观，来自多方的绩效信息规避了权力滥用和主观偏差；二是加强了部门之间的沟通，增进了企业内部员工间的了解和合作；三是来自多方反馈的绩效结果能更为大家所接受，人力资源部门据此实施奖惩也更容易推行。

28. 为了确保绩效考核结果的准确性，组织在进行绩效管理的过程中必须遵循一定的原则：公开性和民主性原则、全面性原则、差别性原则、关联性原则、持续性原则、及时反馈原则、战略协同原则、激励性原则、常规性原则。

29. 一般来说，考核主体培训主要包括以下五个方面的内容：关于避免考核主体误区的培训、关于绩效信息收集方法的培训、关于熟悉考核指标的培训、关于确定绩效标准的培训、关于正确使用考核方法的培训。

五、论述题

30. 答：（1）长期目标与短期目标的平衡。平衡计分卡既关注组织的短期目标，同时也关注组织的长期目标。平衡计分卡正是以战略的眼光，合理的调节企业长期行为与短期行为的关系，从而实现企业的可持续性发展。

（2）财务性指标与非财务性指标的平衡。平衡计分卡既考核组织的财务指标，同时又关注客户、流程等非财务指标。尽管利润是企业的最终目标，但财务指标却与客户、内部流程、学习与创新等非财务指标密不可分。只有两方面都得到改善，企业的战略才能得到实施。

（3）驱动指标与结果指标的平衡。平衡计分卡不仅考核组织的产出结果，还考核推动产出与结果的指标。平衡计分卡达到了所要求的成果和这些成果的执行动因之间的平衡关系，其是按照因果关系构建的，同时又结合了指标之间的相关性。

（4）内部衡量与外部衡量的平衡。平衡计分卡将评价范围由传统的只注重组织内部评价，扩大到组织外部，包括对股东、顾客等的评价。同时以全新的眼光重新认识企业内部，将以往只看内部结果，扩展到既看结果同时还注意企业内部流程及企业的学习和成长这种企业的无形资产。

六、案例分析

31.（1）具体表现在：1）绩效管理对组织的作用：有利于组织战略目标的实现；有利于组织文化的形成。2）绩效管理对管理者的作用：为管理决策提供信息和依据；提高管理者的管理水平。3）绩效管理对员工的作用：有利于员工提高工作效率；有利于员工职业生涯发展；有利于强化员工动力，减少不端行为。

（2）答：小米公司去KPI的目的是为了实现组织发展目标，实现组织营利，同样最后选择重新使用KPI也是为了是组织发展。这说明小米公司并不是将绩效工具作为目标而去使用，而是将其作为一种实现目标的手段。在实践中，绩效工具有很多种，但并不是要求企业在生产生活中将每一种工具都运用到其中，而是要适应环境的变化而进行发展，通过及时调整，提升组织成员的工作积极性，转变组织发展颓势。

32.（1）体现了：绩效计划、绩效实施、绩效考核、绩效反馈四个方面的内容。

（2）关键在于实施了以人为本的绩效管理：1）绩效计划制定环节设定了多元的绩效指标体系，有利于引导员工目标与公司目标的统一。2）绩效管理实施环节采取了公平客观的运行体系，最大程度上保障了员工的获得感。3）绩效考核环节采取了主观与客观相结合的评价方法，上级和下级权限相当，能够互相监督，互相促进。

后　记

　　《绩效管理》自学考试教材是由四川大学公共管理学院罗亚玲教授、黄国武副教授任主编，华西医院科技部邓欣雨及公共管理学院多位研究生共同写作完成的。其中，第一章由黄国武编写，第二章由邓欣雨编写，第三章和第八章由温乔曦编写，第四章和第七章由向雯晖编写，第五章由周磊编写，第六章由张欣越编写，第九章由都豪编写。全书的大纲、内容审核、统稿、定稿等由罗亚玲、黄国武完成。

　　对于编审人员付出的辛勤劳动，在此表示衷心感谢！